CADENCES 2

NIVEAU INTERMÉDIAIRE

Dominique Berger
Régine Mérieux

GUIDE PÉDAGOGIQUE

HATIER / Didier

Conception couverture :
Studio Favre & Lhaïk

Réalisation :
Compo Gravure Production

INTRODUCTION

Cadences 2 s'adresse à des adultes ou des adolescents de **niveau intermédiaire** de toutes nationalités en cours intensifs ou extensifs. Comme le niveau 1, le niveau 2 adopte une **démarche notionnelle-fonctionnelle** visant à développer une réelle compétence de communication en 120-150 heures.

Cadences 2 fait suite à *Cadences 1* mais peut être utilisé par tout élève ayant suivi 100 à 150 heures d'apprentissage. En effet, le niveau 2 débute par une révision des principales structures de la langue.

Les objectifs fonctionnels et linguistiques sont associés. Grâce à la rubrique « Savoir-faire », l'étudiant pourra réaliser des actes sociaux de la vie quotidienne, après avoir étudié les éléments linguistiques qui s'y rattachent. Pour arriver à ces savoir-faire, l'élève aura dû effectuer un minutieux travail d'approche ; il aura par exemple été amené à comprendre un document oral ou écrit, à en extraire les informations essentielles, à les reformuler, à exprimer son opinion personnelle... Ainsi, et grâce notamment à la diversité des supports et des activités proposées, *Cadences* constitue une parfaite initiation à la **préparation du DELF** 1er degré.

Cette préparation se fera également à travers les nombreuses activités organisées autour de l'écrit. En effet, systématiquement dans chaque séquence, on demande à l'apprenant d'être capable de comprendre des documents écrits simples, pris dans leur diversité (lettre amicale, mot d'excuses, document publicitaire, récit, lettre administrative...) et donc d'adapter sa lecture à la nature des documents présentés. Il devra également comprendre l'organisation d'un texte, en repérer l'articulation, les différentes parties... Après ce premier travail l'élève devra à son tour produire de l'écrit et donc manipuler une langue plutôt formelle : rédiger une lettre, argumenter par écrit...

La démarche est graduelle et la progression spiralaire, l'apprenant pourra ainsi fixer et réutiliser sans cesse les acquis. L'organisation structurée et linéaire de la méthode permet à l'enseignant de s'adapter aux besoins des apprenants, et à ces derniers de savoir à tout moment à quelle étape de leur apprentissage ils se trouvent.

Les documents sonores ou visuels, authentiques ou semi-authentiques, font entrer en classe de langue des **réalités françaises** très diversifiées. La rubrique « **Repères** » présentera plus particulièrement ces différents aspects socio-culturels. À travers les documents de nature diverse, l'apprenant pourra à la fois travailler la compréhension et l'expression, mais aussi mieux s'imprégner de la France actuelle. À la fin de cette rubrique, les **mots-clés** se rapportant au sujet présenté viendront, sous forme de tableau, renforcer les données et informations.

Des « **clins d'œil littéraires** » proposeront également un travail linguistique, ainsi que la possibilité de s'évader et d'aborder divers genres littéraires.

Sur le parcours des diverses acquisitions, l'apprenant travaillera tant sur des activités écrites que sur des activités orales, afin de ne négliger aucune des quatre aptitudes du langage.

PRÉSENTATION DU MATÉRIEL

• *Le livre de l'élève*

Il comprend trois dossiers, chacun des dossiers étant composé de quatre séquences. Chaque séquence débute par un document déclencheur (sonore ou visuel) qui permet d'introduire certains éléments linguistiques et langagiers et des activités variées. Les dossiers sont thématiques et peuvent être rapprochés des trois âges de la vie :

Dossier 1 : L'enfant à travers la famille, l'école, la santé et le sport, la maison.

Dossier 2 : L'adolescent à travers les jeunes immigrés, la mode, la communication, l'amitié.

Dossier 3 : L'adulte à travers le monde du travail, l'argent, l'amour, le bonheur.

En fin de manuel, on trouve la transcription des enregistrements, un précis grammatical, un tableau de phonétique, un lexique en cinq langues.

• *Le guide pédagogique*

1. Introduction.
2. Présentation du matériel.
3. Exploitation de chaque type de document.

4. Corrigés des exercices, notes complémentaires et suggestions pour la classe.
5. Trois tests d'évaluation, correspondant à chacun des dossiers.

• *Les cassettes*

Deux cassettes audio reprennent les diverses activités enregistrées de la méthode (dialogues, chansons, exercices de compréhension et exercices portant sur la relation phonie/graphie). Les transcriptions de ces enregistrements se trouvent à la fin du livre de l'élève.

EXPLOITATION DE CHAQUE TYPE DE DOCUMENTS

Chacune des séquences de *Cadences 2* offre diverses activités :
- Observation des éléments linguistiques et communicatifs.
- Activités de découverte.
- Exercices de mémorisation et de réemploi.
- Tableaux de systématisation.
- « Savoir-faire » : conceptualisation des acquis.
- « Repères » : activités liées à certains aspects socio-culturels de la France.
- Phonie/graphie : activités de sensibilisation à la relation son/écriture.

Des documents de nature variée servent de support aux activités proposées.

A. LES DOCUMENTS DÉCLENCHEURS SONORES

Ces documents ont pour but non seulement d'amener les apprenants à la compréhension du message et à l'appropriation des modèles linguistiques et communicatifs, mais aussi de les sensibiliser aux différentes formes de discours ainsi qu'aux registres de langue. Ils sont donc parfois volontairement longs et présentent le plus souvent la langue parlée avec ses particularités (hésitations, répétitions, éléments phatiques, omission de certains éléments linguistiques, etc.).

On expliquera aux apprenants que le document proposé doit être compris dans sa **globalité** et qu'il ne faut donc pas se bloquer sur un mot inconnu ; dans un premier temps le professeur devra guider l'écoute par des questions simples permettant d'identifier la situation de communication (Qui parle ? À qui ? De quoi ? Pourquoi ?...). Le document peut être lié à un autre document écrit ou visuel, et on pourra, avant l'écoute, travailler sur le texte ou les images (repérer, imaginer, faire des hypothèses...) et faire en sorte d'introduire quelques éléments langagiers du document qui seront des points d'appui pour la compréhension. Lors de l'écoute d'un dialogue au débit rapide, pour ne pas que les apprenants cèdent au découragement, on peut se limiter à leur faire énoncer les quelques mots qu'ils auront compris et on procédera ensuite à la reconstruction collective de l'information. Lors de la mise en commun des éléments recueillis, les étudiants seront invités à se corriger mutuellement.

Ensuite, les exercices du manuel liés aux documents déclencheurs permettront d'atteindre les objectifs des tâches à accomplir. L'apprenant y parviendra sans avoir compris tous les éléments du message et ainsi verra rapidement l'efficacité de cette approche globale. Viendra ensuite le moment de la mémorisation qui pourra se faire de différentes façons suivant la nature du document. Par exemple : former des groupes de deux et demander aux apprenants d'imiter le dialogue, faire répéter des énoncés en faisant se succéder les étudiants...

• *Un exemple : dossier 3, séquence 1, exercice A (page 132)*

Procéder à une première écoute du message en ayant préalablement donné pour consigne : « Combien y a-t-il de personnes ? » « Qui est-ce ? » (ou : « Qui parle ? » « À qui ? »), afin que les apprenants identifient la situation de communication. Après mise en commun des hypothèses et précision de la situation (1re partie : conversation en face-à-face puis au téléphone, 2e partie : bribes de conversation téléphonique), ces derniers seront invités à ouvrir leur livre et à lire les affirmations de l'exercice A.

Une deuxième écoute devrait permettre à chacun de confirmer ou au contraire d'infirmer les propositions. Avant la correction collective, on pourra demander aux apprenants de comparer leurs réponses par petits groupes, ce qui provoquera des discussions, protestations, argumentations... Ne pas hésiter à faire réécouter l'enregistrement pour que chacun se mette d'accord à l'intérieur des groupes, puis procéder à la correction collective.

Le dialogue étant désormais compris dans sa globalité, les apprenants seront capables d'aborder l'exercice B, qui porte plus sur l'organisation du discours. L'intonation, le rythme et le ton utilisés repérés lors de l'écoute du dialogue pourront donner des indications (« *Ah oui, quand vous voudrez.* » → ton ferme et décidé, traduisant une grande volonté et correspondant donc à la phrase a.).

On pourra ensuite procéder à une écoute fragmentée du dialogue et inviter les étudiants à répéter, par couple, une phrase et sa réplique à tour de rôle ; cela permettra de corriger rythme, intonation et prononciation. Au fur et à mesure, l'enseignant pourra poser quelques questions sur le sens pour que collectivement, par des échanges et des approximations successives, on parvienne, grâce à ce guidage, à une meilleure compréhension du dialogue. Ce sera aussi le moment d'expliquer les éléments lexicaux nouveaux entravant la compréhension. Durant cette phase (et d'ailleurs le plus souvent possible au cours de ce type d'activité), il serait bon de provoquer des interactions au sein du groupe en demandant par exemple à quelqu'un de proposer des contacts pour trouver un travail à un autre apprenant, qui devra accepter ou refuser... Outre la dynamique de groupe que ce moment devrait créer, cette activité aidera les apprenants à mieux accepter le caractère un peu mécanique de la répétition. De plus, ce moment d'échange « authentique » amènera sûrement le professeur à introduire des mots nouveaux nécessaires à la communication.

Tout au long de ce travail, l'apprenant se familiarise avec les éléments linguistiques et communicatifs qui seront présentés et développés dans les rubriques 1 et 2 : d'une part les pronoms possessifs et une nouvelle façon d'exprimer la possession, d'autre part l'expression du but.

Maintenant que le dialogue est bien compris, les apprenants sont invités, individuellement ou par groupes de deux, à effectuer l'exercice C qui propose un travail de compréhension et d'expression écrites, ainsi que l'exercice D, qui sert à fixer de nouveaux éléments lexicaux.

On procédera ensuite à une dernière écoute de contrôle pendant laquelle les apprenants s'assureront qu'ils ont bien compris le document.

B. LES DOCUMENTS DÉCLENCHEURS ÉCRITS ET VISUELS

Il semble utile que les apprenants rencontrent des documents de départ de nature diverse. L'écrit est aussi partie intégrante de la communication et a l'avantage de présenter une syntaxe différente de celle de l'oral, un registre de langue souvent plus soutenu, des procédés et des conventions très spécifiques. Autre avantage de cette diversité : les stratégies d'apprentissage varieront selon qu'il s'agira d'un document sonore ou visuel.

Certains apprenants seront sécurisés par le texte qu'ils auront sous les yeux, et ne se heurteront pas toujours aux problèmes spécifiques de l'oral.

• *Premier exemple : dossier 3, séquence 4 (page 176)*

Ce document scripto-visuel devrait permettre à l'apprenant de développer son sens de l'observation tout en lui donnant certaines références culturelles. Il devra aussi développer des stratégies d'apprentissage très diverses de par la nature du document.

Le professeur sensibilisera ses étudiants à la richesse du document (photos et textes écrits par les photographes pour justifier leur choix). Avant de compléter le tableau de l'exercice A, le professeur pourra exploiter le document visuel proprement dit. En effet, afin de travailler l'expression orale, on pourra demander aux apprenants s'ils aiment ou non chacune de ces photos, ce qu'elles évoquent pour eux, ce qui en fait la beauté, ce qui peut faire sourire... Ce moment constituera un moment d'échange « authentique » puisque chacun pourra exprimer ses goûts, son idée de l'esthétique ou de l'artistique, sans avoir l'impression d'effectuer un travail linguistique. Bien sûr, au cours de ces échanges, le professeur notera les fautes essentielles qui seront ensuite corrigées par l'ensemble du groupe.

Puis, toujours en ne travaillant que sur les photos, on pourra demander aux apprenants d'imaginer pourquoi chacun des photographes a choisi précisément ce cliché pour symboliser le bonheur ; essayer de faire décrire les circonstances dans lesquelles les photos ont été prises, de faire dire qui étaient ces gens, où ils étaient, pourquoi, à quel moment... Ce moment permettra d'introduire tout naturellement le vocabulaire lié au thème et nécessaire à l'expression de son point de vue.

Les hypothèses avancées seront confirmées ou démenties à la lecture des petits textes accompagnant chacune des photos. Individuellement ou par groupes, les apprenants compléteront ensuite le tableau de l'exercice A et l'on procédera à la correction collective.

Outre le travail de compréhension de l'écrit que cette activité requerra, elle permettra à l'apprenant de comprendre implicitement les structures liées à l'expression de la concession (exercice 1, page 178), d'approcher les règles d'emploi des doubles pronoms (exercice 2, page 181) qui apparaissent tout naturellement dans les commentaires des photographes et de se familiariser avec certaines expressions de temps (exercice 3, page 183).

Ce travail étant fait, on pourra faire relire le texte à haute voix et les apprenants seront alors capables de déduire la plupart des éléments linguistiques nouveaux. Le professeur se chargera bien sûr d'élucider les points restés obscurs.

• *Deuxième exemple : dossier 2, séquence 4 (page 115)*

Ce texte journalistique introduit le thème de la séquence : l'amitié. Là, l'apprenant pourra, grâce à ce document authentique, découvrir un type de presse. Il y retrouvera certains procédés propres à ce genre de textes : la mise en page en colonne, le style d'écriture plutôt dépouillé, allant à l'essentiel...

Comme toujours, le document déclencheur introduit les éléments linguistiques et communicatifs de la séquence. Ainsi à travers cet article, les étudiants sont amenés à déduire le fonctionnement de certains articulateurs du discours (exercice 1, page 116). Ils pourront également découvrir le subjonctif et une nouvelle manière d'exprimer ses sentiments (exercice 3, page 123 et exercice 4, page 124).

Ce long document écrit propose bien entendu un travail de compréhension globale (exercice A, page 116) qui se terminera naturellement par un échange sur les conceptions de l'amitié (question 8, page 116). Puis vient une activité liée au vocabulaire : d'abord un travail directement lié au texte (exercice B, page 117) où l'apprenant est invité à retrouver certains mots, puis une recherche lexicale portant sur les familles de mots (exercice C, page 117 et exercice D, page 119).

C. ACTIVITÉS LINGUISTIQUES

• *Présentation de la grammaire*

Dans cette approche notionnelle-fonctionnelle, on peut distinguer deux types d'exercices qui, par l'obtention implicite des règles pragmatiques de la langue, conduisent l'apprenant vers une réelle compétence de communication :

– **des exercices morpho-syntaxiques** portant purement sur les formes et les structures de la langue (exercice C, page 87 et exercices A et B, page 123) ;

– **des exercices « notionnels » :** on rapprochera des formes grammaticales différentes du moment qu'elles sont utiles à un même acte de parole. Par exemple, dans l'exercice E, page 71, « évoquer le passé », l'apprenant complètera les dialogues avec un verbe qu'il devra conjuguer au passé composé ou à l'imparfait puisqu'il est d'usage courant en français, de recourir à l'une ou l'autre de ces formes pour parler du passé.

Ce n'est donc pas la forme elle-même qui est à la base de la progression grammaticale, mais bien le sens de la forme.

Les activités liées à la grammaire peuvent être classées ainsi :

1. Les activités d'observation et de déduction.
2. Les exercices de mémorisation et de réemploi.
3. La systématisation et la récapitulation des formes.

Bien évidemment, l'étude des éléments morpho-syntaxiques et notionnels va au-delà de ces trois activités. La conceptualisation s'effectuera plus ou moins implicitement dans nombre d'activités ultérieures (jeux de rôle, production écrite...) et mèneront le plus souvent à un « savoir-faire » de la vie quotidienne.

N.B. De nombreux tableaux jalonnent l'apprentissage, mais il conviendra de distinguer deux sortes de tableaux grammaticaux :

– **les tableaux d'apprentissage** que les étudiants devront compléter et qui se trouvent dans la phase d'observation et de déduction. *Example :* « Accords du participe passé », page 55. Après avoir découvert différentes phrases qui contiennent des participes passés dans l'exercice A, page 54, l'élève est invité à compléter lui-même le tableau en retrouvant des exemples vus auparavant. Cela a pour but à la fois de rendre l'étudiant plus autonome et de valoriser son apprentissage ;

– **les tableaux récapitulatifs** introduits après la découverte, la déduction des règles de fonctionnement et les divers exercices de réemploi (exemple page 88, tableau : le gérondif).

• *Un exemple : le plus-que-parfait, dossier 3, séquence 2 (page 152)*

1. Observation et déduction

Une phrase extraite du document déclencheur constitue le corpus d'observation. En contexte situationnel, les apprenants découvrent un verbe au plus-que-parfait dans une phrase au passé. Tout d'abord, ils sont invités à retrouver le temps de chacun des trois verbes que la phrase contient. Ce premier travail effectué, ils pourront observer la forme du verbe au plus-que-parfait et en dégager la règle de formation, comme on le leur demande dans ce premier exercice. Il est possible que d'ores et déjà certains aient une petite idée de l'emploi de ce temps, puisqu'il est, dans ce corpus, associé à un verbe au passé composé et à un autre à l'imparfait.

L'exercice C est également un exercice d'observation qui doit conduire à la déduction de la règle d'emploi du plus-que-parfait. De nouveau, les apprenants devront observer un corpus (document authentique extrait d'une publicité pour le Club Med) qui leur permettra de répondre à la question posée dans l'exercice suivant.

Ayant eux-mêmes découvert les règles de formation et d'utilisation, il est certain que les élèves les retiendront beaucoup mieux et plus durablement. Le professeur peut aider ces derniers à formuler les règles qu'ils auront comprises, mais ce n'est pas lui qui les présente d'emblée car la phase « observation-déduction » permet une meilleure appropriation des faits de langue.

2. Mémorisation et réemploi

L'exercice B sert à la mémorisation des formes et au réemploi. Il présente des situations dans lesquelles on utilise le plus-que-parfait. Cet exercice systématique, puisqu'il ne porte que sur la forme du verbe, pourra être fait à la maison ou en classe.

L'exercice E porte à la fois sur la mémorisation et le réemploi des formes et de l'utilisation du plus-que-parfait.

> N.B. L'exemple présenté ici illustre bien la démarche utilisée pour la partie grammaticale, mais il est important de noter la diversité des exercices servant ensuite au réemploi du phénomène étudié. On trouvera par exemple des exercices très ouverts (exercice E, page 88 – exercice E, page 125 – exercice C, page 170), une activité portant sur des expressions idiomatiques (exercice F, page 25), des jeux (l'exercice C, pages 74-75, permettra le maniement du passé composé et de l'imparfait).

3. Systématisation, récapitulation

Le tableau « le plus-que-parfait », page 153 servira à systématiser les formes et l'emploi de ce temps. L'étudiant pourra ainsi revoir tranquillement chez lui ou à tout moment de son apprentissage ce qui aura été étudié. Par la suite, le plus-que-parfait sera réutilisé dans des activités plus créatives (exercice 3, pages 154-155) dans cette séquence ou plus tard dans l'apprentissage (exercice 2, page 166 : hypothèse « s'il avait essayé, il aurait... ») si bien que les acquis sont sans cesse rebrassés.

D. ACTIVITÉS COMMUNICATIVES

Cadences propose des situations variées grâce auxquelles l'apprentissage n'est pas seulement l'enseignement de la langue (lexique et structures linguistiques), mais aussi la découverte et l'appropriation des **compétences de communication**.

Les étudiants sont fréquemment invités à échanger leurs points de vue, discuter, débattre (exercice 2 C, page 23, exercice B, page 48 et exercice C, page 81...). Cela a pour but :
- de les faire agir/réagir dans des situations proches de la réalité ;
- de leur faire réutiliser les éléments lexicaux étudiés et également de créer chez eux la nécessité, au cours de leur discussion, d'en connaître d'autres. Le professeur fournira bien sûr les aides nécessaires ;
- de leur faire réutiliser les « façons de dire » relatives aux actes de parole requis. En effet, chacun devra donner son opinion, argumenter, démontrer, convaincre sur les thèmes traités dans les séquences.

• *Un exemple : interrompre quelqu'un pour l'approuver ou le contredire, dossier 1, séquence 2 (page 20)*

Les compétences communicatives sont introduites par le document déclencheur. Dans le débat sur l'école, nous assistons à une discussion entre élèves, professeurs et parents d'élèves, puis la section 1 propose un **exercice de reconnaissance** (exercice A) qui permet aux apprenants de se familiariser avec plusieurs items correspondant à un même acte de parole. À l'inverse de certains documents déclencheurs, les mini-dialogues ou les monologues présentés dans ce type d'exercices sont brefs afin de mettre les apprenants en contact avec certaines « façons de dire ». Ces exercices feront travailler la compréhension orale et la compétence de communication de manière rigoureuse et progressive.

Ensuite, l'apprenant se prêtera à une activité **d'observation** (exercice B) : relever des expressions dans la transcription des enregistrements. Puis les tableaux d'**actes de parole** seront à compléter individuellement ou collectivement. Grâce à l'exercice A mais aussi à ses connaissances antérieures, chacun pourra énoncer au moins une phrase pour les actes proposés dans le tableau. Cette activité a pour but de dynamiser l'étudiant ; on lui demande d'être actif. De plus, il mémorisera beaucoup mieux les phrases que lui-même ou ses camarades auront proposées plutôt que celles qui auraient pu être imprimées dans le livre. Vient ensuite un **exercice de réemploi** (savoir-faire) qui demande aux apprenants de produire à leur tour des actes de parole dans des situations de communication précises.

Les jeux de rôles

• *Un exemple : dossier 2, séquence 3, exercice C (page 102)*

Cette activité permet aux apprenants de prendre la parole afin de conceptualiser les acquis grammaticaux, lexicaux et syntaxiques. C'est en situation «réelle» qu'ils devront maintenant recourir à des actes de parole.

Le professeur entraînera les étudiants à être **actifs lors de l'écoute** : il leur demandera de repérer puis de corriger les erreurs de langue d'un point de vue grammatical, lexical et situationnel lors des productions des autres groupes. Cette activité permet de construire une réelle compétence de communication. La langue doit être correcte, de même que la référence situationnelle (savoir employer le tutoiement ou le vouvoiement, par exemple).

Il serait bon que l'aspect gestuel ne soit pas négligé. Suivant le profil de sa classe, le professeur pourra suggérer que les étudiants se lèvent et se placent au milieu du groupe pour jouer les saynètes. Le professeur les incitera à utiliser le non verbal, afin de donner à cette activité une dimension active et ludique. Après la dramatisation, on procédera tous ensemble à l'évaluation du travail de chacun des groupes et à la correction des erreurs relevées.

E. SAVOIR-FAIRE

Les «savoir-faire» reprennent les éléments communicatifs et linguistiques étudiés en proposant des tâches précises à accomplir dans des **situations réelles d'usage de la langue**. Ce sont des activités orales (dossier 1, séquence 1 : savoir reprocher quelque chose à quelqu'un et se justifier, page 12) ou écrites (dossier 3, séquence 2 : rédiger une lettre administrative, page 159).

Chaque séquence comprend un **«savoir-faire» écrit**, suivant une **démarche graduelle et très structurée** : un travail sur le fond → comprendre les informations contenues dans le document, suivi d'un travail sur la forme → organisation, structure du document. Cette phase de compréhension écrite mènera à la phase d'expression, au cours de laquelle l'apprenant devra produire un texte cohérent et clairement articulé. Ces activités constituent une parfaite initiation à la préparation des épreuves écrites du DELF (unités A2, A3 et A4).

Travailler sur une situation réelle d'usage de la langue est stimulant et doit entraîner l'apprenant vers **une autonomie d'emploi de ses connaissances en français**. Il prend conscience que, en dehors du cadre institutionnel, la langue est un outil de communication personnelle ou professionnelle. Le lien entre les «savoir-faire» et les éléments linguistiques est clairement établi. L'étudiant apprend, il réfléchit sur les éléments de la langue pour pouvoir communiquer.

L'acquisition de la grammaire, du lexique, de la syntaxe, des actes de parole n'a de valeur pédagogique que si son emploi est dirigé vers les **échanges de la vie sociale**.

• *Un exemple : s'excuser par écrit, dossier 1, séquence 2 (page 30)*

Trois lettres d'invitation sont proposées (page 27). L'apprenant devra retrouver les informations essentielles contenues dans chacune de ces lettres (qui écrit, pour quoi, quand et où l'événement a-t-il lieu, est-ce qu'une réponse est souhaitée). Ce premier travail permettra de saisir le contenu des lettres.

Ceci étant fait, une lettre d'excuses est présentée (exercice B, page 28) par le biais d'une activité de compréhension globale du document. Il s'agit de trouver à quelle lettre de l'exercice précédent celle-ci répond.

Puis, à travers une activité ludique – remettre dans l'ordre les éléments exprimés dans la lettre – on va s'intéresser très précisément à la structure de ce document. L'exercice E, page 29, viendra approfondir ce travail sur l'organisation de la lettre. Cela a pour but de sensibiliser l'apprenant à l'existence de règles et de convention dans le code écrit.

L'exercice D, page 28, est à la fois destiné à la compréhension du message et à l'observation de la structure (question 5).

Vient ensuite le tableau récapitulatif qui permet de systématiser ce qui a été observé et manipulé au cours des activités précédentes.

Désormais, l'apprenant est en mesure de rédiger seul une lettre d'excuses. Il pourra choisir l'un des trois documents proposés page 30 pour réaliser lui-même une production écrite.

Cette section présente les aspects **socio-culturels** liés au thème de la leçon. À chaque séquence, des documents et des activités mettent les apprenants en contact avec la **réalité contemporaine française**. Ces informations sur la France stimulent aussi un travail interculturel. Le professeur amènera les étudiants à comparer la culture française à la leur (exercice B, page 48 et exercice C, page 63).

Cette rubrique s'achève toujours par les « **mots-clés** » regroupés dans un tableau. Ces éléments lexicaux, liés au thème de la séquence sont le plus souvent accompagnés d'une définition ou de statistiques qui illustrent la réalité française. Ce complément lexical sert aussi aux discussions et aux débats fréquemment proposés à la fin de cette section.

• *Un exemple : la francophonie, dossier 3, séquence 4 (page 190)*

Exercice A, page 190

Documents : six photos prises dans des pays francophones ; une légende à attribuer à chacune des photos.
Activités : exercice d'observation et de production.

Pour effectuer cet exercice, l'apprenant devra faire appel à ses capacités d'observation et de déduction (Bruxelles → bruxelloise) ou alors à ses connaissances ou à son vécu (certains auront peut-être voyagé dans l'un de ces pays), ce qui pourra se révéler intéressant et motivant.

Exercice B, page 191

Documents : carte du monde francophone et texte informatif.
Activités : exercices de compréhension écrite et de production orale.

Par la compréhension d'un document visuel (carte) et d'un texte, l'étudiant découvre le monde francophone. Il apprend dans quels pays le français est langue maternelle, langue officielle ou langue d'enseignement. Les questions qui suivent le texte, non seulement vérifient la compréhension des documents, mais aussi peuvent servir de « tremplin » à des échanges au sein du groupe (expériences, interrogations...).

Exercice C, page 192

Documents : un texte traitant de l'histoire de la langue française dans le monde.
Activités : compréhension du texte et correction des affirmations.

Ce texte informe sur un autre aspect de la francophonie : l'histoire de la langue française. Si les apprenants connaissent quelque peu le sujet, le texte pourra être lu en plusieurs étapes. Les questions vérifieront la compréhension du document.

Exercice D, page 193

Documents : une liste de noms de francophones célèbres / une liste de professions / trois photos représentant des célébrités francophones.
Activités : associer une profession à un nom.

Encore une fois, les apprenants feront appel à leur capacité de déduction (algérien → Cheb-Khaled, pour les sonorités) ou à leurs connaissances pour effectuer cet exercice. Il pourra être fait individuellement dans un premier temps puis, par groupes de deux ou trois, les étudiants pourront comparer leurs réponses avant que l'on procède à une correction collective. Cette activité peut offrir l'occasion, si l'enseignant en possède, de faire écouter quelques chansons de Diane Dufresne, de Khaled ou encore de lire un extrait d'un roman de Ben Jelloun, de travailler sur une planche de Tintin (Hergé)...

Exercice E, page 193

Documents : une liste des expressions propres à certains pays francophones / des dessins humoristiques illustrant deux de ces illustrations.

Cette activité, très ludique, a pour double objectif d'informer et de détendre les étudiants. Après avoir élucidé les expressions et retrouvé auxquelles chacun des deux dessins correspond, on pourrait, suivant le profil du groupe, demander aux apprenants d'illustrer eux-mêmes quelques expressions présentées. Pourquoi également ne pas tenter de créer d'autres expressions imagées sur le modèle de celles qui sont proposées ?

Enfin, les mots-clés offrent aux apprenants la possibilité de recevoir quelques informations supplémentaires liées au thème traité. Les données fournies dans cette rubrique concernent exclusivement la France.

G CLIN D'ŒIL LITTÉRAIRE

Outre le plaisir que la simple lecture de ces textes peut apporter, cette rubrique a pour but à la fois :
- de familiariser l'étudiant avec un nouveau type d'écrit. Les extraits proposés sont d'époques et de genres différents (romans, poésies, essais) ;
- de faire découvrir de nouvelles formes d'expression qu'il pourra s'approprier ;
- de favoriser les interactions en classe ;
- de travailler la compréhension et la production écrites puisque chaque extrait littéraire est accompagné d'une série d'activités ;
- d'encourager la lecture de textes littéraires en dehors de la salle de classe.

Les différents textes proposés sont en rapport avec le thème de la séquence dans laquelle ils apparaissent. Il nous semble essentiel de préserver la notion de plaisir : pour cette raison, nous ne procédons pas à une analyse du texte, mais nous nous contentons volontairement de proposer quelques activités qui permettront simplement une meilleure compréhension de l'extrait.

H PHONIE/GRAPHIE

À la fin de chaque séquence, se fait le **lien entre la phonie et la graphie**. L'écoute des sons, l'observation des graphies, la comparaison des deux systèmes sont insérés dans des exercices d'observation, de repérage, de discrimination, de complétion. Ce sont des exercices brefs accompagnés de tableaux permettant la systématisation.

Nous avons fixé les contenus de cette rubrique en fonction des erreurs et des confusions les plus fréquemment observées en classe de FLE.

• *Un exemple : dossier 1, séquence 4, section 6 (page 65)*

- A : exercice portant sur la graphie : sensibilisation aux finales des participes passés.
- B : exercice de discrimination et de complétion (écouter pour écrire).
- C : exercice de conceptualisation. L'étudiant a pris conscience des marques morpho-syntaxiques de l'oral et est en mesure de faire cet exercice plus complexe. Il doit successivement écouter, réfléchir et écrire.
- D : exercice de conceptualisation. Maintenant que le rapport entre le son et l'écriture est bien clair, l'apprenant peut réaliser cet exercice.

La rubrique phonie/graphie est le plus souvent liée à la morpho-syntaxe. On travaillera surtout sur la phrase ou le discours (questions d'homophonie, de cohérence du discours) plutôt que sur la graphie d'un son, avec toutefois la même approche que celle de *Cadences 1* (*cf.* n° 6 pages 113-114, n° 5 pages 162-163).

ÉVALUATION

Ce guide pédagogique propose des tests d'évaluation pour chacun des trois dossiers. Ces tests reprennent systématiquement les éléments morpho-syntaxiques, lexicaux, communicatifs et les savoir-faire étudiés dans chaque dossier.

Ils comprennent :
- une épreuve de dictée ;
- des exercices grammaticaux ;
- des exercices de vocabulaire ;
- des exercices de communication ;
- un exercice de production écrite.

Le matériel proposé (tests + corrigés + barème de notation) est bien évidemment modulable en fonction des exigences institutionnelles.

En ce qui concerne la dictée, l'enseignant pourra supprimer l'exercice, s'il le trouve inadéquat (niveau, motivation des apprenants...).

Le temps de passation pourra être jugé trop élevé par le professeur par rapport à son volume horaire global (surtout dans le cadre d'un enseignement extensif). Il pourra facilement supprimer quelques exercices (et modifier le barème).

Les grilles de correction et les barèmes proposés peuvent être utilisés tels que ou adaptés par le professeur.

CORRIGÉS DES EXERCICES

–

NOTES COMPLÉMENTAIRES

Ce dossier est lié au monde de l'enfance à travers quatre sous-thèmes : la famille, l'école, le corps, l'habitat.

p. 5 La page d'ouverture illustre les thèmes abordés dans le dossier. Les photos peuvent susciter des questions mais elles n'ont pas pour but d'être commentées.

– photo de deux écoliers avec leur cartable, le panneau triangulaire indique qu'il y a une école dans le secteur, les automobilistes doivent ralentir (la vitesse est limitée à 60 km/heure) ;
– photo d'une famille jouant à un jeu de société (le Monopoly) ; le père, la mère, les enfants tiennent des cartes et ont devant eux de faux billets de banque ;
– photo d'une femme qui court sur une plage, elle fait du jogging pour se maintenir en pleine forme physique. Elle porte une tenue adaptée à cette activité de plein air (short et débardeur).

SÉQUENCE 1

FAMILLES D'AUJOURD'HUI

p. 6 **A** 1. Masculin.
2. Charles-Édouard.
3. Non, parce qu'il trouve ce prénom snob.
4. Oui, Lucien.
5. Non, elle dit que Lucien, ça fait paysan et que Charles Édouard, c'est le prénom du frère de sa mère.
6. Antoine a déclaré son fils à la mairie sous le prénom de Lucien.
7. Elle est très en colère contre Antoine.

Suggestions :
Le professeur rappellera aux étudiants que la voisine a ouvert le courrier par erreur, ce qui explique la situation.
Il fera lire aux étudiants l'acte de mariage et de naissance (formulaire administratif / déclaration à la mairie) puis posera des questions sur les prénoms. Cela permettra d'expliquer l'usage qui est de donner deux ou trois *prénoms* à un enfant ; celui-ci prend, en général, le *nom* du père (qu'il s'agisse de mariage ou d'union libre). On notera cependant que dans la situation présente, le père a choisi un seul prénom (Lucien).
Les lieux de naissance peuvent aussi être une occasion de consulter une carte administrative de la France afin de revoir la répartition en départements (cf. *Cadences 1*, page 22).

B Christine : Dis-donc, Antoine, faut pas oublier de **passer demain à la mairie** pour le déclarer. Bon alors, **qu'est-ce qu'on décide ?** Moi j'ai bien réfléchi, c'est Charles-Édouard que **je préfère**.
Antoine : Charles-Édouard... Charles-Édouard... ça fait snob, tu vois, ça fait petit costume de velours.
Christine : Ben alors, tu n'as qu'à trouver quelque chose de mieux.

Antoine : Lucien, **c'est idéal**... Lucien, moi je **trouve ça** très bien.
Employée : Christine Sicre, épouse Berthon, **quel prénom avez-vous choisi ?**
Antoine : Lucien.

1. Les verbes au présent

p. 7 **A**

VERBES	INF.	PR.	P. C.	IMP.	FUT. P.
oublier	×				
décide		×			
j'ai réfléchi			×		
je préfère		×			
tu vois		×			
je trouve		×			
vous avez appelé			×		
regardez				×	
ça ne va pas se passer					×
il sait		×			
je suis		×			
il a voulu			×		

B a. Christine et Antoine
1. Christine **veut** appeler son fils Charles-Édouard.
2. Antoine **préfère** Lucien.
3. Antoine **trouve** que Lucien est un joli prénom.
4. Christine et Antoine ne **sont** pas d'accord.
5. La voisine **dit** à Christine que le bébé s'appelle Lucien.

b. Le Français moyen
6. Il **fait** du jogging le dimanche matin.
7. Il **lit** les journaux et **regarde** la télévision.
8. Il **boit** beaucoup de vin et **prend** l'apéritif.
9. Il **joue** au tiercé le dimanche.

c. Les Françaises et la mode

10. Elles **achètent** beaucoup de vêtements et **suivent** la mode.
11. Elles **font** leurs achats le samedi après-midi.
12. Elles **lisent** des magazines de mode.

d. L'étudiant de langue française

13. J'**apprends** à communiquer en français.
14. Je **parle** beaucoup en classe.
15. Je ne **dors** pas pendant les cours...
16. Je **peux** comprendre les chansons françaises !
17. Je **veux** aller en France l'année prochaine.

2. Parler de soi

p. 8

A Propositions de questions :

Où habites-tu ? Tu vis avec qui ? Comment est ta maison ? Quelles études fais-tu ? Pourquoi ? Quelle profession veux-tu faire ? Qu'est-ce que tu aimes manger ? Qu'est-ce que tu détestes faire ? Que fais-tu le dimanche ? As-tu des animaux ? As-tu une passion ? Quels sports pratiques-tu ? Combien de frères et de sœurs as-tu ? Es-tu l'aîné(e) de ta famille ? Que font tes parents ? Quelles fêtes aimes-tu passer en famille ?...

B Propositions de réponses :

Il s'appelle Fulvio, il habite à Milan en Italie. Il a 35 ans. Il est célibataire. Il travaille pour une agence de voyages. Il n'a qu'une sœur qui est plus jeune que lui. Ses parents travaillent tous les deux : sa mère est infirmière et son père est avocat. Il a trois chats. Il adore les glaces, la mer, les voyages. Il déteste le bruit, le fromage, les gens impolis. Il fait beaucoup de sport : du footing, du voilier et du karaté. Son appartement est au centre de Milan, il n'est pas très grand, une chambre et un salon...

C Propositions de questions :

De quoi as-tu peur ? Quelle est ton activité préférée ? Où aimerais-tu vivre ? Aimes-tu le salé ou le sucré ? Dans un pays étranger, qu'est-ce que tu regardes en premier ? Pourquoi apprends-tu le français ? Préfères-tu rester seul ou être avec des amis ? Préfères-tu dire oui ou non ? Peux-tu parler de ton plus beau souvenir ? En famille, quelle est ton activité préférée ? Quelle est ta couleur préférée ? Quel est le défaut que tu ne supportes pas ? Quelle est la qualité que tu apprécies le plus ?...

3. Histoire de famille

A a. 2 - b. 3 - c. 1.

Note :
– *La crèche :* lieu où les enfants sont pris en charge dès l'âge de 2 mois (57 % des enfants de 0 à 3 ans restent à la maison, 43 % sont confiés à une nourrice ou à une crèche pendant la journée quand leurs parents travaillent.

p. 9

B 1. Les grands-parents ne sont plus comme avant ! En 1995, une **grand-mère** et un **grand-père** veulent, en général, profiter de leur retraite. Ils voyagent, sortent... Ils sont très actifs. Cependant ils ont toujours du temps à consacrer à leurs **enfants** et à leurs **petits-enfants**.

2. Ma mère a une sœur et un frère avec qui j'aime passer mes vacances. Nous avons l'habitude avec ma **tante** et mon **oncle** de louer ensemble une maison en juillet. C'est l'occasion pour moi de voir leurs enfants, mes **cousins**.

3. Mon père s'entend très bien avec les parents de ma mère. Il a d'excellents rapports avec son **beau-père** avec qui il fait du footing tous les dimanches. Il aime aussi la discrétion de sa **belle-mère** qui l'a apprécié dès leur première rencontre.

4. Tous les ans, Charlotte invite la sœur et le frère de Jean, son mari. Sa **belle-sœur** et son **beau-frère** habitent loin de chez eux, mais ils n'hésitent pas à faire un long voyage pour passer Noël en famille.

Repères

p. 10

A Notes :
– *Moyen Âge :* période moyenne comprise entre l'Antiquité et les Temps modernes, allant de la chute de l'Empire romain (476) à la chute de Constantinople (1453) ou à la découverte de l'Amérique (1492).
– *Paysage médiéval :* lieux importants pour la vie sociale du Moyen Âge (église, château, marché, pont, fontaine, forêt...).

1. Martin.
2. Origine des noms :
   Exemples : surnom : Leroux
   métier : Boulanger
   fonction / dignité : Lemoine, Lemaire
   lieu d'habitation : Dubois.
3. Couturier (métier) ; Larivière (lieu d'habitation) ; Nicolas (prénom) ; Le Marchand (métier) ; Pierre (prénom) ; Lebrun (caractéristique physique : des cheveux bruns) ; Meunier (métier) ; Lesage (trait de caractère) ; Leconte (dignité) ; Labbé (fonction religieuse) ; Boucher (métier).

Suggestion :
Le professeur insistera sur la distinction entre nom (ou nom de famille), prénom et surnom. *Exemple :* Élodie (prénom) Marfand (nom) surnommée par ses amis « La grande ».

B 1. faux (ils sont démographes et sociologues). 2. faux (ils ont examiné 4 millions d'actes de naissance). 3. faux (« contrairement à une idée reçue, les auteurs affirment que les célébrités n'influencent pas le choix des parents »). 4. vrai (« De plus en plus, l'origine sociale influe sur le choix du prénom ; tout dépend de l'origine sociale »). 5. vrai.

Note :
– *Dresser le profil :* établir des statistiques afin de connaître les prénoms les plus courants.

p. 11

4. Reprocher quelque chose à quelqu'un / se justifier

A **Dialogue 2.** A : une femme, B : son mari.
A reproche à B d'avoir jeté de vieilles affaires. B explique qu'il désirait rénover leur maison.

Dialogue 3. A : une cliente, B : un peintre en bâtiment.
A reproche à B d'avoir augmenté la facture des travaux effectués chez elle. B se justifie en disant qu'il a passé plus de temps que prévu à repeindre.

Notes :
– *J'en ai marre :* j'en ai assez, je ne supporte plus ton attitude.
– *Vieilleries :* vieux objets (terme dépréciatif).
– *Argenterie :* objets en argent (couverts, service comportant des plats...).
– *Donner un coup de neuf :* rénover.

p. 12

B **Reprocher quelque chose à quelqu'un :**
Non, tu exagères ! / Cette fois, c'est trop, j'en ai marre (fam.) ! / Mais qu'est-ce que c'est que ça ? / Comment as-tu pu ? / Ça, c'est un peu fort ! / Ah non, ça ne va pas se passer comme ça ! Dis donc, tu es gonflé ! (fam.) / Votre attitude est inadmissible ! / Eh bien, ne te gêne pas / Je me demande comment tu as pu...

Se justifier :
Je suis désolé, oh, j'ai cru bien faire ! J'ai voulu bien faire ! Vraiment, je ne pensais pas... Je croyais que... Je ne l'ai pas fait exprès... Écoute, j'ai voulu... Pardon, mais c'est à cause de... Tu sais, je ne le ferai plus... Je regrette mais...

C 1. Cette fois, c'est trop / écoute, je suis désolé mais je dois terminer.
2. As-tu pu / j'ai cru bien faire.
3. J'ai voulu bien faire / payer le double ! Ah non, ça ne va pas se passer comme ça !

Savoir-faire

Propositions :
1. – Bonjour, madame Placide, comment allez-vous ? Dites, je voulais vous dire quelque chose... Ça ne va plus du tout ! Vos enfants font trop de bruit ! Chez moi, on ne s'entend plus, c'est infernal !
– Oh, je suis désolé, mais vous savez, quatre enfants... quand ils ne vont pas à l'école ! En plus, hier, il a plu toute la journée et je n'ai pas pu les amener au jardin !
– Bon, mais à minuit, c'est normal qu'ils sautent à la corde ? Non, vraiment, c'est exagéré !
– Oui, c'est vrai, mais que voulez-vous, hier le petit et le grand étaient un peu énervés, ils n'arrivaient pas à dormir ! Excusez-nous, ça ne se reproduira plus !

– Bien, bien. Espérons que ces chers petits seront plus calmes !

2. – Salut, et ben, t'as vu l'heure ! Ça fait une heure que je t'attends !
– Mais c'est pas de ma faute ! C'est mon patron ! Il m'a demandé de lui taper une lettre : je n'ai pas pu lui dire non !
– Tu aurais pu me passer un coup de fil pour m'avertir !
– Tu as raison, excuse-moi ! Je n'y ai pas pensé ! La prochaine fois, promis, je t'appellerai !

p. 13

Repères

A 1. il est malsain. 2. il s'occupe du téléphone. 3. elle fait la cuisine. 4. Gaston, il y a le téléphone qui sonne / et il n'y a jamais personne qui répond. 5. Bertrand, il est très grand / Annie, elle est jolie / Danielle, elle est très belle / Sarah, elle m'aimera / Martin, il est malin / Hugo, nous tourne le dos / Régine, c'est ma copine / Albert, il boit un verre / André, il aime le thé / Colette, elle est coquette.

Note :
– Nino Ferrer était un chanteur très populaire dans les années 60. Il a aussi interprété « La maison près de la fontaine ».

B sa cousine, elle est divine / son cousin, il est malsain / Noémie est très jolie / Anatole, il est frivole / Marie-Louise est exquise / Marie-Thérèse, elle est obèse / Marie-Berthe, elle est experte / Édouard fume le cigare.

5. Rédiger une lettre amicale

A 1. Nathalie (l'expéditrice) écrit à Nicole (la destinataire).
2. À Nice.
3. Le 8 septembre 1995.
4. Ma chère Nicole.
5. Elle lui écrit pour la remercier, pour lui dire qu'elle est contente d'avoir de bonnes nouvelles, pour l'informer qu'elle ne pourra pas venir chez elle, pour l'inviter en octobre.
6. Je t'embrasse affectueusement.

Suggestion :
Le professeur fera noter les éléments du document qui caractérise une lettre amicale : le tutoiement, la formule d'appel (*Ma chère Nicole*), la formule de politesse (*Je t'embrasse affectueusement*).

p. 14

B **1. c :** signature (*Maman*), formule d'appel (*Mamounette*) ; corps de la lettre 1 (*nous espérons vous voir samedi soir*) ; réponse de la lettre C (*nous ne pourrons pas venir samedi*).
2. b : formule d'appel de la lettre b (*Salut chérie*), la lettre 2 étant signée Marianne, le corps de la lettre 2 (*depuis trois mois, j'attends une réponse*) ; réponse de la lettre b (*désolée de répondre à ta lettre avec tant de retard*).

3. c : corps de la lettre 3 qui exprime un reproche de la part de Pierre qui a attendu en vain Odile à leur rendez-vous ; réponse de la lettre a (*j'ai oublié notre rendez-vous*).

C Ordre de la lettre : 5 - 2 - 7 - 3 - 6 - 9 - 1 - 8.

Metz, le 28 août 1995.

Mon très cher Marc,

Merci de ta lettre du 7 juillet. Comme je suis content pour toi ! Avoir une petite fille, c'est formidable !

Est-ce que la maman va bien ? Pas trop fatiguée, j'espère !

Pourrais-tu nous envoyer une photo ? Et surtout, quand viendras-tu nous montrer ta petite merveille ?

Très amicalement.

Rémy

Savoir-faire
p. 15

1.

Cher Raphaël,

Comme je suis content pour toi ! Tu as toujours eu de la chance ! Je te remercie de ton invitation, c'est très gentil de ta part mais je ne pourrai pas venir à ta fête ! J'ai trop de travail en ce moment, c'est une période où on prépare le budget de l'année prochaine. Mais pourquoi ne viendrais-tu pas en juillet dans notre maison du Lubéron ? Encore bravo, et à bientôt !

Je t'embrasse très fort.

2.

Cher Rémy,

Et oui, tu as raison d'être en colère, pardon pour mon silence mais tu sais, il m'est arrivé une chose formidable : j'ai eu une promotion, je ne m'y attendais pas du tout et du coup, j'ai eu un boulot terrible ! Cela s'est un peu calmé, alors j'essaierai de venir te voir le mois prochain ! C'est promis !

Avec toute mon affection,
ta cousine préférée !

3.

Ma chère Élodie,

Dans ta dernière lettre, tu me reprochais d'être partie sans t'avoir dit au revoir.

J'étais désolé(e) de te savoir en colère ! Mais pris(e) par le stress du départ, j'ai oublié de passer chez toi pour t'embrasser et te remercier de ton aide. J'espère que tu m'excuseras et je te propose de venir te voir la semaine prochaine. Ça te va ?

Bisous !

Repères
p. 16

Suggestions :

Le professeur fera lire les textes puis amènera les étudiants à comparer les rapports familiaux en France et dans leur pays.

Quel âge ont vos parents ? Est-ce que toutes les femmes ont un compte bancaire ? Est-ce normal pour une femme et son mari de décider ensemble du budget familial ? Que pensez-vous du divorce ? Quel est votre avis sur ces nouvelles familles dont les parents se sont remariés et ont eu d'autres enfants ?

Notes :

– *Les enfants : 1,8 enfants par famille* (beaucoup de familles ont 2 enfants, d'autres ont 1 ou 3 enfants).

– *Enfant « mono » :* qui vit avec sa mère ou son père.

6. Les particularités des verbes du 1er groupe
p. 17

A A. Verbes en -ger : diriger, ranger, interroger, nager.

   B. Verbes en -cer : placer, annoncer, renoncer, lancer.

   C. Verbes en -eler, -eter : épeler, jeter, renouveler.

   D. Verbes en -yer : essayer, s'ennuyer, payer, essuyer.

   E. Verbes en -e ou -é (avant-dernière syllabe) : amener, répéter, espérer, lever.

B A. Verbes en -ger : dirigeons, rangez, interrogent, nageons.

   B. Verbes en -cer : plaçons, annonces, renonçons, lance.

   C. Verbes en -eler, -eter : épelles, jette, renouvelle(nt).

   D. Verbes en -yer : essaie, ennuyons, payez, essuies.

   E. Verbes en -e ou -é (avant-dernière syllabe) : amènent, amenons, répétons, espèrent, lève(nt).

D *Cf.* Transcription, page 195.

SÉQUENCE 2

SUR LE CHEMIN DE L'ÉCOLE

p. 18

A 1 b – 2 a – 3 b – 4 c – 5 c – 6 b – 7 c.

p. 19

B 1. a 1 – b 4 – c 2 – d 3 – e 5.

2. diminuer / augmenter ; détruire / construire ; dépassé / à la mode ; pessimiste / optimiste ; précaire / sûr / durable ; l'ouverture / la fermeture.

3. *À l'aube de :* au début de. À l'aube du XXᵉ siècle, les gens ont vécu la belle époque. *Partager un point de vue :* avoir la même opinion que quelqu'un. En ce qui concerne le racisme, je partage l'opinion de mon ami. *À mes yeux :* à mon avis. À mes yeux, il n'y aura pas d'amélioration dans le monde scolaire.
Adhérer à un parti : s'inscrire à un parti (politique). Pour défendre mes idées, j'ai décidé d'adhérer à un parti.

p. 20

1. Interrompre / contredire

A interrompt et approuve : 7 ;
exprime la satisfaction : 4 ;
reproche quelque chose à quelqu'un : 1 ;
se justifie : 6 - 8 ;
interrompt et contredit : 2 - 3 - 5.

B **Interrompre quelqu'un pour l'approuver :**
Mme Moreau : *Tout à fait d'accord* / Absolument, comme toi, je..., / Ah, là, tu as raison... / Parfaitement, je partage votre opinion... / Et j'ajouterai que... / Attends un peu, je me suis mal expliqué... / Oh oui alors, on peut même dire que...
Permettez-moi de préciser / Il faut aussi souligner que... / Tout à fait, d'ailleurs... / Là, je partage entièrement votre opinion...

Interrompre quelqu'un pour le contredire :
M. Perrot : *Ah je ne partage pas votre point de vue, ... /* Là, je t'arrête / Alors là, non ! vous dites n'importe quoi ! Mais non, comment pouvez-vous dire que... / Pas du tout, il ne s'agit pas de... / Pardon mais je tiens à préciser que la situation est bien différente... / En fait, ce n'est pas comme ça... / Pardon, mais vous faites fausse route... / Alors là, je ne peux pas vous laisser parler ainsi... / Au contraire, moi, il me semble que...

Savoir-faire

Exemple de débat :
« Trop d'élèves sont en échec scolaire. »
Diviser la classe en groupes. Chaque groupe trouvera des arguments pour et des arguments contre, par exemple :

pour : l'école ne prépare pas les élèves à la vie adulte, les programmes sont inadaptés, les professeurs ne s'intéressent qu'au programme et peu au développement de la personnalité, il n'y a pas assez de cours de soutien pour les élèves en difficulté, l'école ne stimule pas assez, elle est trop coupée du monde extérieur...

contre : il n'y a pas plus d'échec qu'avant mais seulement plus d'élèves, notre société évolue et nous sommes obligés de nous adapter très vite, l'école joue bien son rôle de transmission des valeurs communes, un effort est entrepris pour mieux adapter les programmes aux nécessités du monde moderne...

p. 21

2. Clin d'œil littéraire

A 1. Les enfants sont tous d'accord avec la citation.

2. Ils ne sont pas tous sincères, mais ils pensent que le professeur attend cette réponse et pour avoir une bonne note, ils préfèrent adhérer à cette opinion.

3. Ils estiment que la lecture est une obligation et un devoir peu agréable qui est imposé par les professeurs.

4. Ce professeur est conscient des réticences des élèves, il croit en l'importance des livres, mais il demeure ouvert à d'autres formes de culture comme le cinéma. Il représente le professeur idéal qui transmet un savoir mais qui demeure à l'écoute de ses élèves et ainsi perçoit mieux leurs difficultés. Il essaie d'établir un lien entre le monde scolaire et le monde des enfants.

5. Exemple : *pour apprendre* ; les livres transmettent différents savoirs qui nous permettent de découvrir le monde. *Les Quatre Mousquetaires* d'A. Dumas est un livre d'aventures mais permet aussi de découvrir une époque de l'histoire de France, en l'occurrence le XVIIᵉ siècle.

6. Proposition de réponse : non, c'est un stéréotype, la télévision peut aussi être un instrument de communication intéressant qui donne envie de lire. Par exemple, après une émission scientifique, on peut avoir envie de s'informer davantage en lisant un ouvrage concernant le sujet traité sur le petit écran.

Notes :
– *B, TB, AB :* abréviations scolaires pour exprimer le jugement du professeur (bien, très bien, assez bien).
– *À toute vapeur* (fam.) : très vite.
– *Fiche de lecture :* travail élaboré par les élèves sur l'étude d'une œuvre intégrale ; le professeur peut demander de présenter un livre en indiquant dans une fiche :
  - un en-tête (une lettre-code pour le classement), le nom de l'auteur, les références de l'ouvrage (titre, date de parution, édition...) ;
  - un bandeau indiquant la nature de la fiche, la date de réalisation ;
  - une synthèse critique de l'œuvre (genre, thèmes, personnages, courant littéraire auquel appartient l'auteur...).
– *Lui qui... lui qui..., lui dont :* le professeur.

– *Le chemin de ces écritures sages :* tout au long de la lecture des devoirs. Pennac ironise sur la production des élèves qui se contentent de reproduire des idées toutes faites croyant ainsi s'attirer les bonnes grâces de l'enseignant.

– *M'sieur :* abréviation de Monsieur à l'oral.

– *Contrôle de maths :* test d'évaluation pour les mathématiques.

– *Disserte d'éco :* dissertation d'économie.

p. 22 **B** 3. le devoir de terminer un livre. 4. le devoir de faire une seule lecture. 5. le devoir de choisir ses lectures selon des critères pertinents. 7. le devoir de s'isoler quand on lit afin de mieux profiter de sa lecture. 9. le devoir de lire en silence.

Notes :

– *Droits imprescriptibles :* les droits inaliénables du lecteur, droits que l'on ne peut supprimer.

– *Droit au bovarysme :* droit de pouvoir lire des ouvrages considérés comme « légers », des romans dits « à l'eau de rose » ou des sagas historiques destinées au grand public.

– *Maladie textuellement transmissible :* jeu de mots créé par D. Pennac à partir du terme « maladies sexuellement transmissibles » ; il veut dire par là que lire des romans de « bas » niveau littéraire peut devenir une habitude s'attrapant facilement tel un virus.

– *Grappiller :* référence faite par l'auteur à un certain type de lecteur qui ne lit pas linéairement un ouvrage mais qui se contente de survoler un livre en ne lisant que des extraits, qui « grignote » le texte de ci de là.

D Proposition de réponse : le droit de ne pas être d'accord avec le professeur, de choisir les matières, de s'absenter, de travailler en commun, de ne pas répondre, de se déplacer pendant le cours, d'arriver en retard, de poser des questions qui ne sont pas au programme, de rêver en classe...

p. 23 ### 3. Les pronoms « en » et « y »

A 1. J'ai pensé au pain. / J'ai acheté du pain.
2. Je suis folle de l'école. / Je cours à l'école.

B **y :** découvrir le monde de l'industrie pour y travailler (dans le monde de l'industrie).
en : qu'en pensez-vous ? (de ce qui vient d'être dit).

C On emploie *en* pour remplacer un nom ou un groupe nominal précédé de : *de.*
On emploie *y* pour remplacer un nom ou un groupe nominal précédé de : *à.*
En et *y* peuvent aussi remplacer les expressions indiquant le lieu.
Ils remplacent des noms de choses.
Ils se placent devant le verbe dont ils dépendent (il **y** va, on **en** achète, pour **en** avoir...) sauf à l'impératif affirmatif (vas-**y**, prenez-**en**).
Remarque : dans la langue orale, *en* peut remplacer des personnes. (– Vous avez des enfants ? – Oui, j'**en** ai deux.)

D 1. des jouets, des cadeaux. - 2. à la mer, à la piscine. - 3. aux questions. - 4. des fleurs, des plantes. - 5. au tennis. - 6. au mariage. - 7. du ski, du patinage. - 8. de la guerre, de la pollution, du chômage, des maladies.

p. 24 **E** 1. – Non, mais j'en rêve !
2. – Oui, il s'en est déjà occupé !
– Non, mais il va s'en occuper !
3. – Parce que j'y suis habitué.
4. – Oh oui, j'en suis fou (folle).
5. – Oui, je m'en souviens très bien.
– Non, je ne m'en souviens pas du tout.
6. – Mais non, j'y pense !
– Oh, je n'y ai plus pensé !
7. – Parce que j'en ai envie.
8. – Oui, j'en mangerai bien encore un peu.
– Non merci, j'en ai déjà trop mangé !
9. – Oui, on en a parlé.
– Non, il n'en parle plus.
10. – Oui, nous y retournerons en juillet.
– Non, nous n'y retournerons plus.

F 1 c – 2 e – 3 b – 4 f – 5 a – 6 h – 7 g – 8 d.

p. 25 ### 4. L'antériorité dans le futur

A **Document A :** action n° 1 : vous l'aurez goûté, action n° 2 : vous comprendrez.
Document B : action n° 1 : je serai arrivée, action n° 2 : je te téléphonerai.

p. 26 **B** 1. **J'aurai obtenu.** Cette personne doit tout d'abord obtenir le baccalauréat, sous cette condition elle pourra s'inscrire en BTS. La première action est donc antérieure à la seconde dans un contexte futur.
2. **Auront signé.** Ce n'est que lorsque l'école et l'entreprise auront signé le contrat que les jeunes pourront être mieux qualifiés → 1 : signature du contrat / 2 : possibilité d'être mieux qualifié.
3. **Il aura fini.** Paul ira peut-être à l'étranger mais seulement après ses études. 1er projet : finir ses études / 2e projet : voyager à l'étranger.

C Le futur antérieur se forme avec l'auxiliaire **avoir** ou l'auxiliaire **être** au **futur** + le **participe passé**.

D 1. Nous **déménagerons** lorsque Michel **aura trouvé** un travail dans la région.
2. Nous **sortirons** quand tu **auras mis** ta veste.
3. Quand j'**aurai fini** mes études, je **voyagerai**.
4. Vous **devrez** répondre quand vous **aurez reçu** sa demande écrite.
5. Tu **prendras** la route quand tu **auras fini** de déjeuner.

E Propositions de réponses :
1. Aussitôt qu'on aura découvert le vaccin antisida, on pourra mener des campagnes de prévention et éviter la propagation de la maladie.

2. Quand il n'y aura plus de guerre, les hommes seront heureux.

3. Le chômage diminuera dès que le gouvernement prendra des mesures efficaces.

4. Quand on aura éliminé toutes les maladies, nous vivrons tous jusqu'à 100 ans.

5. Cette région pourra avoir un développement économique dès que les maladies auront disparu.

6. Quand la recherche aura encore progressé, on soignera la plupart des maladies génétiques.

7. Quand les richesses seront mieux réparties, il n'y aura plus de misère.

F Propositions de questions :

1. Que feras-tu quand le cours de français sera terminé ?

2. À ton avis, que se passera-t-il quand tout le monde possèdera un téléphone portable ?

3. Continueras-tu à travailler dès que tu auras passé tes examens ?

4. Que feras-tu lorsque tu auras trouvé un appartement ?

5. Crois-tu que tu parleras bien le français quand tu auras passé un an à Paris ?

5. S'excuser par écrit

p. 27

A

	Document n° 1	Document n° 2	Document n° 3
Expéditeur	G. CHERRIER Directrice d'école	M. LOMBARDI Vice-président d'une association (centre d'animation)	PASCALE et PIERRE Stylistes
Objet de la lettre	Invitation à une réunion de parents d'élèves	Invitation à l'assemblée générale	Invitation à un défilé de mode
Date et heure de l'événement	Le samedi 23 septembre 1995 à 9 h 30	Le mardi 4 octobre 1995 à 20 h 30	Le 14 avril 1995 à 18 heures ou à 21 heures
Lieu de l'événement	Groupe scolaire Guy de Maupassant à Beaumont	Auditorium de la Maison des Fontaines à Besançon	Espace Ligeria à Montlouis
Réponse souhaitée	non	non	oui (retourner le coupon)

p. 28

B Ce mot répond au document n° 1.

C Ordre de la lettre : a - g - e - d - f - c.

D 1. Des parents d'élève.

2. Ils écrivent à la directrice d'école de leur fils afin de s'excuser par avance de leur absence à la réunion de rentrée.

3. Jérôme.

4. Ils ont l'intention de prendre rendez-vous avec la maîtresse de leur fils pour savoir ce qui a été dit et décidé pendant la réunion.

5. Le lieu et la date.

p. 29

E Réponse à la lettre n° 2.

Besançon, le 17 septembre 1995.

Monsieur,

J'ai bien reçu votre lettre m'invitant à l'Assemblée générale du centre. Je suis désolée car je ne pourrai y participer pour des raisons professionnelles. Je vous adresse mes plus sincères excuses et vous prie d'agréer, Monsieur, l'expression de mes sentiments les meilleurs.

A. Nédélec

Réponse à la lettre n° 3.

Montlouis, le 24 mars 1995.

Chers amis,

Merci pour votre invitation. Malheureusement, nous sommes invités vendredi prochain. Paul fête ses 60 ans !

Bisous.

Betty et Éric

p. 30

Savoir-faire

Exemples de réponses :

Réponse à la lettre n° 1.

Clermont-Ferrand, le 11 juin 1995.

Madame,

En réponse à votre lettre du 6 juin, je suis désolée de vous informer de mon absence à la réunion préparatoire aux sessions d'été du 16 juin. En effet, pour des raisons familiales, je devrai me rendre à Nice.

Veuillez agréer, Madame, l'expression de mes sentiments dévoués.

F. Perry

Réponse à la lettre n° 2.

Bordeaux, le 20 décembre 1995.

Monsieur le Président Directeur Général,
En vous remerciant de votre invitation, je vous prie de bien vouloir excuser mon absence au cocktail du 29 décembre 1995. Je serai ce jour-là en déplacement au Japon.
En regrettant vivement de ne pouvoir me joindre à l'ensemble du personnel, je vous prie, Monsieur, de bien vouloir agréer mes sentiments les plus dévoués.

H. Drieux
Responsable Service Marketing.

Réponse à la lettre n° 3.

Paris, le 4 novembre 1994.

Chère Marie,
Je te remercie de ton invitation au salon du livre de jeunesse. Tu es gentille d'avoir pensé à moi. Hélas, je ne serai pas à Paris à cette date. Dès mon retour, je passerai te voir chez Bayard pour te montrer mes derniers dessins, je crois qu'ils pourraient t'intéresser pour la revue « J'aime lire ».
Encore merci, à bientôt. Amicalement.

Pierre

Notes : (Invitation)
– *Le livre de l'année, c'est indubitablement :* c'est sans aucun doute...
– *Salon du livre de la jeunesse :* grande exposition présentant des ouvrages destinés à un public d'enfants et d'adolescents.
– *Montreuil :* ville située à l'est de Paris.

Repères

p. 31

Ⓐ L'école est obligatoire de **6** à **16** ans. Mais les enfants peuvent, à partir de 3 ans, aller à l'**école maternelle**. Puis, l'école primaire durera **cinq** ans. Ensuite, les jeunes Français vont au **collège** pendant **quatre** ans. À 16 ans, ils peuvent entrer dans la vie **active**. À la fin du collège, on passe le **Brevet des Collèges**. Enfin, les élèves restent **trois** années au **lycée** et peuvent y suivre une préparation générale ou à caractère **professionnel**.

p. 32

Ⓑ 1. Non, 58 % des lycéens ne sont pas d'accord avec cette affirmation.
2. Non, le niveau des diplômés augmente.
3. Oui (400 000).
4. Non, il faut passer un concours après les classes préparatoires.

5. Oui (51 pour 1 000 habitants).
6. Non, c'est le contraire : Allemagne (27 pour mille habitants) ; Italie (21 pour mille habitants).
7. Oui, le nombre des admis au bac a plus que quintuplé (75 000 bacheliers en 1963, 460 000 en 1993).
8. Non, 85 % des lycéens ne sont pas d'accord avec cette affirmation.
9. Oui, 67 % des lycéens sont d'accord avec cette affirmation.
10. Non, seulement 17 % pensent qu'il vaut mieux posséder des diplômes.

Suggestions :
Après avoir lu en classe les pages 31, 32, 33, une discussion sur la comparaison des systèmes scolaires pourra être proposée :
Le nombre des diplômes augmente-t-il dans votre pays ? Y a-t-il une amélioration du niveau scolaire ? Le monde scolaire est-il en crise par rapport à la société ? Les savoirs transmis par l'école sont-ils considérés comme inadaptés ? Existe-t-il des grandes écoles ?...

Notes :
• Document p. 31
– *Primaire :* école élémentaire.
– *Secondaire :* collège + lycée.
– *Baccalauréat (bac) :* le bachelier est celui qui a passé le bac avec succès. Ce diplôme permet de s'inscrire en faculté. 92 % des titulaires du bac s'inscrivent pour suivre des études supérieures. En 1992, on observait une forte progression des inscriptions dans les matières scientifiques et, à un moindre degré, en lettres et sciences humaines, au détriment des disciplines de santé et des IUT (données extraites de *Francoscopie 1993*).

• Documents p. 32
– *Coupé du* (doc. 5) : isolé du.
– *Chacun pour soi :* au lycée, il n'existe pas d'esprit d'entraide, mais plutôt un esprit très individualiste.
– *NSP :* ne se prononcent pas.
– *Les grandes écoles* (doc. 7) : pour être admis dans une grande école, il faut franchir plusieurs obstacles ; d'abord le bac (de préférence avec mention) puis deux années de préparation spéciale avant le concours d'entrée. Pour réussir, les étudiants bachotent (ils ont un rythme de travail beaucoup plus soutenu que les étudiants des facultés). Jusqu'ici, les cinq années nécessaires après le bac ont constitué le meilleur des placements mais les grandes écoles ne constituent plus une assurance vie professionnelle. En effet, la forte croissance du chômage des cadres n'a pas épargné les plus diplômés, d'HEC à Polytechnique. Les entreprises, qui les achetaient à prix d'or à leur sortie de l'école, leur préfèrent des jeunes moins brillants mais plus « agressifs » et moins coûteux (d'après des données de *Francoscopie 1993*).

• **Mots-clés :**
– *Capes :* Certificat d'aptitude au professorat de l'enseignement du second degré, concours national de recrutement des professeurs de l'enseignement secondaire. Leur nomination est nationale et ils dispensent 18 heures de cours hebdomadaires.

– *Agrégation* : concours national de haut niveau, les agrégés font 15 heures de cours par semaine, en général dans les lycées ou dans les universités.

– *DEUG* : diplôme d'études universitaires générales.

– *DEA* : diplôme d'études approfondies (diplôme universitaire de 3ᵉ cycle qui atteste d'une formation à la recherche et constitue la première année dans la préparation d'une thèse de doctorat).

– *DESS* : diplôme d'études supérieures spécialisées (diplôme universitaire professionnel de 3ᵉ cycle qui se prépare en un an).

– *Conseils de classe* : l'orientation des élèves est proposée par les conseils de classe après consultation des représentants des élèves et des parents.

– *Être en vigueur* : être appliqué, être énoncé par une loi.

p. 34

6. Quelques homophones grammaticaux

A 1. as – 2. a, à – 3. a, à – 4. as, a, à.

B 1. on – 2. ont, on – 3. ont, on.

C 1. sont – 2. son – 3. sont – 4. sont, son.

D 1. l'as – 2. là – 3. la – 4. l'a, l'a – 5. la.

E *Cf.* Transcription, page 196.

SÉQUENCE 3

EN PLEINE FORME

p. 36

A Texte a : doc. nᵒˢ 6, 7, 4.
Texte b : doc. nᵒˢ 1, 3, 9.
Texte c : doc. nᵒˢ 2, 5, 8.

p. 37

B 1. Non, c'est un sport de montagne. On saute du haut d'une montagne et l'on vole à l'aide d'une espèce de parachute.
2. Non, ce sont des médicaments que l'on donne aux personnes angoissées pour les détendre.
3. Oui.
4. Non, c'est un mannequin.
5. Non, c'est un sport où il faut grimper et s'accrocher aux parois rocheuses.
6. Oui.
7. Non, l'interdiction porte sur les lieux publics.
8. Non, pas en voilier mais en bateau à rames.

C a. 3 - 4 ou Jeunes et beaux ; Le corps avant tout ; Obsédés par la beauté et la jeunesse.
b. 2 ou L'aventure sportive ; L'important, c'est de vivre dangeureusement ; Envies d'exploits.
c. 4 ou Se soigner pour se rassurer ; La médicalisation à outrance.

D Propositions de réponses :
1. Un regard, une attitude, une apparence...
2. Non, chaque culture possède ses critères qui évoluent à travers les siècles.
5. De l'énergie, de la détente, un esprit d'équipe, le goût de la compétition, la découverte de la nature, de l'endurance, de la force, le contrôle de soi...
8. Les vaccins, les progrès de la chirurgie, le dépistage des maladies, la nutrition, la prévention...

p. 38

1. Le corps

A

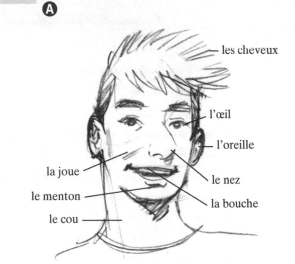

les cheveux
l'œil
l'oreille
la joue
le nez
le menton
la bouche
le cou

la main
le coude
le bras
le ventre
le poignet
un doigt
le genou
la jambe
le pied

Suggestions :

Le professeur pourra proposer le jeu de la statue. Un étudiant se place au centre de la classe, les yeux bandés ; un autre étudiant prend alors une position fixe (les bras croisés, les jambes soulevées...). Le reste de la classe doit donner des indications au premier étudiant afin qu'il devine et qu'il prenne la position de l'étudiant qui « fait la statue » (« lève le pied gauche, mets ta main sur ta poitrine... »). Ce jeu permet également le réemploi de l'impératif.

p. 39

C La tête   : 1. c - 2. a - 3 b.
L'œil   : 1. c - 2. b - 3. a.
Le bras   : 1. b - 2. c - 3 a.
Le pied   : 1. b - 2. c - 3. a.
La jambe : 1. b - 2. a.
Le doigt   : 1. b - 2. c - 3. a.

D Dialogue n° 2 : à bras ouverts / deux amis qui parlent d'une famille dont ils apprécient l'accueil chaleureux.
Dialogue n° 3 : casser les pieds / un père qui est énervé parce que son fils lui pose sans cesse la même question.
Dialogue n° 4 : des doigts de fée / un mari qui félicite sa femme de son adresse et de son habileté à faire un bouquet.
Dialogue n° 5 : avoir quelqu'un à l'œil / deux parents dont l'un doit sortir et à qui l'autre dit qu'il va surveiller les enfants pendant son absence.

E 1. Elle coûte les yeux de la tête.
2. Elle nous fait les gros yeux.
3. Tu es devenu le bras droit du patron.
4. Tu te mets le doigt dans l'œil.
5. J'ai pris mes jambes à mon coup.

2. Clin d'œil littéraire

Notes :
– G. Perec (1936-1982) : a publié *Les choses* (prix Renaudot en 1965), *La vie mode d'emploi* (1978) qui dénoncent la société contemporaine dans l'écriture même, qui accumule à plaisir des listes d'inventaires incongrus. Épris de recherches formelles, il a aussi écrit un roman sans la lettre e : *La disparition* (1969).
– *Tenir compte :* compter, intégrer, considérer.
– *Incursion furtive :* visite rapide et discrète.
– *Garde-manger :* pièce ou meuble où l'on conserve les aliments (conserves, confitures, légumes secs...).
– *Insatiable appétit :* désir de nourriture que l'on ne peut pas calmer.
– *Dévorer sans vergogne des assiettées :* avaler sans honte de pleines assiettes de nourriture.
– *Bleu d'Auvergne :* fromage provenant de la région Auvergne dans le Massif central.
– *Rillettes :* pâté à base de porc ou d'oie et de graisse.
– *Gruyère :* fromage suisse.
– *Addition consolatrice :* addition faite par Anne pour se consoler des difficultés de son régime et pour se donner du courage. Le problème étant qu'elle oublie de comptabiliser les aliments qui lui sont théoriquement interdits.

Suggestions :

Le professeur évitera l'explication mot à mot des textes littéraires. L'objectif des activités liées aux textes de la rubrique *Clin d'œil littéraire* est de présenter un genre différent de documents écrits, liés au thème de la séquence : le plaisir de l'étudiant devant la découverte d'extraits de la littérature contemporaine française devra demeurer intact. Les activités de repérage permettront à l'étudiant d'enrichir sa connaissance linguistique et culturelle.

p. 40

A 1. Deux sœurs, Béatrice et Anne.
2. Béatrice est la plus jeune, elle est « longue et mince ». Anne est plus âgée, elle est « boulotte et bouffie », elle a un problème de poids.
3. Anne voudrait maigrir.
4. Présent de l'indicatif : présent de narration indiquant la répétition.
Passé composé de l'indicatif : indiquant l'antériorité (*qu'elle a ingurgitées*) et des actions ponctuelles (*a noté, a mangé...*).
5. Chez Anne (incursions dans le réfrigérateur, elle se réveille la nuit pour aller dévorer...). Les indices donnés par Perec évoquent un cadre quotidien et connu se référant au domicile du personnage.
6. C'est un texte ironique qui se moque de l'acharnement de certaines personnes à suivre un régime. Cette femme passe sa vie à lutter contre son attirance pour la nourriture.

B *mange, bu, petit déjeuner, déjeuner, dîner, repas, réfrigérateur, garde-manger, insatiable appétit, grignoter, ronge.*

C **Anne raisonnable :** *régimes draconiens, elle en compare les données, elle a noté les quantités exactes, sur un agenda manifestement réservé à ce seul usage, Anne a scrupuleusement noté, tout en faisant de la main droite son addition consolatrice.*

Anne gourmande : *bouffie de graisse, nourritures qu'elle a ingurgitées, elle n'a absolument pas tenu compte des quelques quarante ou cinquante incursions furtives, pour aller dévorer sans vergogne des assiettées, grignoter, ronger.*

D Exemples :
L'odorat : renifler, humer, éternuer, les essences, les fleurs, le nez, délicat, intense, léger...
L'ouïe : entendre, résonner, hurler, murmurer, l'explosion, tonnerre, bruissement, faible, assourdissant, terrible...
Le toucher : palper, frôler, effleurer, la peau, le chaud, le froid, doux, velouté, lisse, soyeux...
La vue : observer, examiner, fermer, les nuances, la luminosité, l'éclat, les yeux, sombre, pâle, clair...

p. 41

3. Comparer

A Faire lire les documents 1, 2, 3, 4 afin de découvrir les règles du comparatif.

Avec un nom :
– : moins + de + nom (+ que)
= : autant + de + nom (+ que)
+ : plus + de + nom (+ que)

Avec un verbe :
– : verbe + moins (+ que)
= : verbe + autant (+ que)
+ : verbe + plus (+ que)

Avec un adverbe :
– : moins + adverbe (+ que)
= : aussi + adverbe (+ que)
+ : plus + adverbe (+ que)

B Propositions de réponses :
1. Mais non, on a plus de loisirs qu'avant. On a plus de temps libre car on doit travailler moins qu'avant. En France, la durée du travail est de 39 heures par semaine.
2. On dit que la grammaire française est plus complexe que la grammaire anglaise. Mais pour s'exprimer correctement en anglais, il faut autant étudier que pour bien s'exprimer en français.
3. C'est vrai car aujourd'hui les progrès de la médecine permettent de lutter plus efficacement contre les maladies mortelles.
4. Non, on utilise plus les vélos que les voitures.
5. C'est faux, il y a moins de soleil en France qu'au Maroc.
6. Pas du tout, le vélo est un moyen de locomotion moins polluant que la moto.
7. Non, les directeurs gagnent plus que les ouvriers.
8. Je ne crois pas, la Twingo est plus économique et donc consomme moins d'essence.
9. Je ne suis pas d'accord, les Français ont la réputation d'être de grands mangeurs de fromage, donc ils en mangent plus que les Japonais.
10. Oui, je préfère voir des films en version originale, c'est moins facile mais c'est plus intéressant.

p. 42

C 1. + (plus jeune de 20 ans).
2. – (moins de kilos, moins de rides).
3. – (nez moins gros).
4. – (moins de complexes).
5. + (plus d'assurance).
6. – (moins de regards amusés sur elle).
7. + (les hommes la regardent plus).
8. = (son mari lui trouve autant de charme qu'avant).
9. – (il trouve son nez moins expressif).
10. + (elle se sent mieux).

Suggestions :
On pourra discuter en classe de l'envie de modifier son aspect physique en animant un débat avec les *pour* et les *contre* de la chirurgie esthétique. Le professeur donnera comme consigne d'utiliser obligatoirement un comparatif pour présenter des arguments (exemple : « moi, je suis contre, je trouve qu'il vaut mieux s'accepter tel qu'on est. C'est plus sain. »).

D 1. mieux ; 2. mieux / meilleure ; 3. meilleur / mieux ; 4. meilleurs / meilleures ; 5. mieux / meilleurs ; 6. meilleure / mieux.

p. 43

4. Analyser un document publicitaire

A 1. Des médicaments (des boîtes, des ampoules, des tubes, des plaquettes de comprimés, des flacons), des feuilles de soins médicaux (ordonnances remplies par les médecins).
2. Amoncelés, en vrac, jetés.
3. Il veut montrer une accumulation de médicaments pour évoquer la surconsommation médicale et l'attitude désinvolte de certains Français, « comme si on jetait l'argent par la fenêtre ».

B 1. Vous = les patients, les malades, les assurés sociaux. Nous = la collectivité, l'ensemble des assurés sociaux. La publicité s'adresse à l'ensemble des assurés sociaux.
2. Sensibiliser les assurés sociaux aux problèmes du déficit de la Sécurité sociale et les amener à réduire leurs dépenses médicales.
3. On peut consulter un médecin, acheter des médicaments, effectuer des examens, se faire soigner à l'hôpital, faire appel à une infirmière, se faire rembourser les frais médicaux.
4. Le slogan repose sur l'idée que la Sécurité sociale est un grand avantage pour les Français et que s'en servir mal et sans raison peut conduire à des dépenses excessives.
Le slogan est conçu sur une opposition lexicale (c'est bien / ça craint) renforcée par la répétition des nasales.
L'emploi des termes familiers « Sécu, ça craint » marque le désir de sensibiliser le grand public.

Note :
– *La Sécu :* la Sécurité sociale s'est généralisée à partir des ordonnances de 1945 ; la couverture sociale a été étendue progressivement à toute la population.

C Assurance Maladie / acquis / consulter / médicaments / effectuer / examens / soigner / abus / augmentation / cotisations / ensemble.

p. 44

D Propositions de réponses :

1. Oui, elle l'est. D'abord l'image (tous ces médicaments entassés) évoque bien le gaspillage, ensuite parce que le texte explique clairement à quoi sert la Sécurité sociale, et enfin parce qu'il rappelle que c'est un acquis qui appartient à la collectivité nationale.

2. Le message est important car il concerne le droit à la santé, droit qui garantit à tous, pauvres ou riches, la possibilité de l'accès à la médecine.

E Allez moins souvent chez le médecin. Consommez moins de médicaments. Soyez plus attentif. Utilisez moins les remboursements. Effectuez moins d'examens. Devenez aussi économes que possible. Même angoissé, prenez moins de tranquillisants. Ayez autant soin de l'argent collectif que de votre argent.

Savoir-faire

Publicité n° 1

• Analyse de la photo :

Le bouchon de la bouteille du parfum d'Yves Saint-Laurent a la forme d'un bouchon de champagne.

La photo donne une impression de sobriété luxueuse (le fond représente une tenture, les reflets sur le flacon le mettent en valeur comme un bijou).

• Analyse du texte :

L'objet du texte est d'expliquer pour qui a été conçu ce parfum : les femmes qui pétillent, c'est-à-dire des femmes exceptionnelles, drôles, actives, élégantes, qui aiment le luxe. Il s'agit d'un message personnalisé (« *mon* parfum » + signature).

L'idée du slogan repose sur des associations d'idées autour du mot *Champagne* (forme, luxe, vin pétillant). Le message peut sembler amusant car il est basé sur un jeu de mots.

Publicité n° 2

• Analyse de la photo :

On voit une pièce (peut-être une chambre, puisqu'on voit une commode) dans laquelle un petit enfant essaie d'attraper un flacon de parfum après être monté sur un tambour (jouet traditionnel). Le mobilier de la chambre évoque le confort d'une maison appartenant à des gens aisés (le fauteuil, le miroir sur la commode et les rideaux). Le petit garçon a des caractéristiques précises (blond, bouclé, mignon, il évoque un enfant idéal), il est habillé à la mode mais de façon décontractée (salopette de jeans, chaussures de tennis). L'effet recherché est d'amuser et de provoquer la tendresse face à cette photo (le geste de l'enfant est décidé, il est sur la pointe des pieds à cause de sa petite taille).

• Analyse du texte :

Le but du texte est de faire comprendre qu'il s'agit d'un parfum pour enfant (*petit, premier, bébé, enfant*). Le nom de la marque Guerlain est mis en évidence (répété 3 fois). Le texte souligne que Petit Guerlain est le premier parfum Guerlain de la vie des enfants. Le texte est informatif sur la ligne de parfum puisqu'il explique qu'il existe 2 types de produits (eau de senteur pour les bébés, eau de toilette pour les enfants), détail montrant le raffinement de la ligne lancée par la marque.

Dans cette publicité, la photo est plus marquante que le texte. La publicité n° 1 met en valeur l'objet, les mots qui seront liés à l'image du parfum. La publicité n° 2 valorise le type de consommateur.

p. 45

5. *Le pronom relatif « dont »*

A Après lecture commune des phrases, le professeur posera des questions qui permettront aux étudiants de repérer les différents compléments (du verbe, du nom, de l'adjectif). *Exemples :* Parlé de qui ? Besoin de quoi ? Titre de quoi ? Œuvres de qui ? Fière de quoi ? Amoureux de qui ?

B 1. Ils ont vraiment besoin d'une nouvelle voiture. Ils veulent en acheter une.

2. Le titre de ce roman ne me dit rien. J'admire depuis longtemps les œuvres de cet artiste. Je l'ai enfin rencontré.

3. Elle est fière de sa maison. Elle nous l'a fait visiter. Il est amoureux de cette fille. Elle ne me plaît pas.

C Propositions de réponses :

1. une personne dont...

2. des dossiers dont...

3. une menace dont...

4. des problèmes dont...

5. ... tous les livres ont été traduits.

6. ... il avait envie.

7. ... l'architecture moderne s'intègre bien dans la Cour carrée.

8. ... dont les plantes sont des espèces rares.

p. 46

D 1. un Américain
    que j'ai connu à San Francisco.
    dont la sœur habite New York.

2. un restaurant
    que je trouve très bien.
    dont les spécialités sont réputées.

3. un chien
    dont j'ai très peur.
    que j'évite le plus possible.

4. les papiers
    que tu veux pour partir.
    dont tu as besoin pour ton voyage.

5. La maladie

que vous avez...

dont vous souffrez...

6. Nice

dont ils apprécient le climat.

qu'ils connaissent.

7. une fête d'anniversaire

que j'ai adorée.

dont je me souviendrai longtemps.

E 1. dont – 2. qui / qu' – 3. dont / que – 4. où / qui – 5. dont / où – 6. dont / qui.

6. S'inquiéter - rassurer

A Suggestion :

Après une première écoute des deux dialogues, le professeur fera préciser par les étudiants de quelles situations il s'agit. Dialogue n° 1 : dans une pharmacie, une cliente achète les médicaments que vient de lui prescrire son médecin. Dialogue n° 2 : après les cours, un étudiant parle avec son professeur de ses difficultés.

Dialogue n° 1

Motifs d'inquiétude : la cliente n'a pas compris l'ordonnance du médecin, elle a peur que les médicaments prescrits soient mauvais pour son ulcère, elle s'inquiète de ses migraines.

Arguments rassurants : le pharmacien lui explique le contenu de l'ordonnance ; il lui conseille de manger des yaourts ; il lui fait remarquer que le médecin a prescrit de l'aspirine et des calmants pour les migraines.

Dialogue n° 2

Motifs d'inquiétude : malgré ses efforts, Luc trouve que ses notes sont mauvaises, il n'arrive pas à s'exprimer, il a l'impression qu'il est plus lent que les autres étudiants.

Arguments rassurants : les notes ne sont pas aussi catastrophiques que le pense l'étudiant, le professeur fait remarquer à l'étudiant ses qualités (il comprend les gens, il est attentif aux autres) et le rassure en lui disant qu'il va l'aider.

p. 47

B S'inquiéter : je n'arrive pas à comprendre, oui, mais pour... je ne comprends rien...

Autres expressions : je n'y arriverai jamais ; j'ai peur de... je crains... qu'est-ce que je peux faire ? Mais comment je vais faire ? C'est affreux, aidez-moi !... Je ne sais plus quoi faire... Je suis inquiet... Ça m'angoisse... Je n'y arriverai jamais...

Rassurer : ne vous inquiétez pas, il suffit de... Mais non, tout ira bien... Tout va s'arranger. Allons ne t'en fais pas, je vais t'aider.

Autres expressions : calme-toi... Pas de panique... Mais ce n'est pas grave, on va trouver une solution... Écoutez-moi, j'ai une idée pour votre problème. Tout va bien se passer. Ne t'inquiète pas... Ne vous faites pas de souci...

Savoir-faire

Propositions de dialogues :

1. – Mes papiers ? je les ai perdus ! Comment vais-je faire ? Je pars demain, j'en ai besoin pour passer la frontière !...

   – Allez, ne t'inquiète pas, on va les retrouver, tu es tellement distraite... Je suis sûr que tu les as rangés quelque part chez toi ! Viens, je vais t'aider...

2. – Ça ne va pas du tout ! J'ai raté tous mes contrôles ! Je ne sais plus quoi faire et pourtant tu sais, j'ai étudié !

   – Pas de panique, on va regarder ça ensemble... Et puis, ce n'est pas si tragique... Un contrôle raté, ce n'est pas toute ton année ! En général, ça se passe plutôt bien, non ? Alors, courage ! Je vais t'aider...

3. – Quelle angoisse ! L'examen, c'est demain et je n'ai pas terminé le programme... Je n'y arriverai jamais ! Et si je ne l'ai pas, mes parents vont en faire toute une histoire...

   – Ne te fais pas de souci, tu as vu les parties les plus importantes et tu as compris les raisonnements... Et puis, si tu veux, on passe la soirée à réviser ensemble, ça va te rassurer...

4. – Mais qui c'était cette fille avec toi ? Je ne comprends pas ton attitude...

   – Calme-toi ! Ce n'est que ma cousine. Je t'en ai déjà parlé. Alors, ne t'en fais pas, rien de grave... et surtout pas de rivale !...

5. – Mais qu'est-ce que j'ai ? Je n'arrête pas de tousser, je dois avoir une pneumonie !

   – Mais non, ne te fais pas de souci, c'est normal après une grippe, le médecin t'a bien dit que tu tousserais pendant quelques jours, prends du sirop, ça va passer !

6. – Oh, ce repas ! ça m'angoisse ! Je sens que ça ne va pas bien se passer ! D'ailleurs, je me demande pourquoi on a invité ton patron...

   – Du calme ! Tout est prêt, on a mis les petits plats dans les grands ! Et puis ne t'affole pas mon patron est très gentil, c'est quelqu'un de très simple...

Repères

A 1. faux – 2. vrai – 3. faux – 4. faux – 5. vrai.

p. 48

Note :

– *Décompte de remboursement :* document envoyé aux assurés par la Caisse primaire d'assurance maladie, et qui donne le détail des remboursements des frais médicaux. Ce document doit être lu de gauche à droite (détail des prestations, dates, vous avez payé...).

Suggestion :

Le professeur amènera les étudiants à déchiffrer ce document en leur posant des questions :

Qui est l'assurée ? Que veut dire CPAM (Caisse Primaire d'Assurance Maladie) ? Combien coûte une consultation ? (120 F) L'assurée a-t-elle fait des examens, des radios ? Combien a-t-elle dépensé ? Quel est le montant de son remboursement ? De quelle façon est-elle remboursée ?

B Après avoir lu les mots-clés de la page 49, le groupe pourra présenter le (ou les) système(s) de protection de leur(s) pays puis établir des comparaisons avec le système français.

p. 49

7. Les accents

A

Les accents			
	aigu (´)	grave (`)	circonflexe (^)
a		là, à	tâche, gâteau, âge
e	été, régime, parlé, dépense	pièce, espèce, très, gruyère	fête, rêve, forêt, bête
i			île, connaître
o			hôpital, hôtel, bientôt
u		où	goût, sûr, dû

B

	[e] = é	[ɛ] = è / ê
1	cinéma	
2	réagir	
3	pétrole	
4		forêt
5	réunion	
6		collège
7		fête
8	réponse	
9		poète
10		mère

p. 50

C é + consonne + a, é, è, i, o, y... : cinéma, élargi, société, élève, élite, révolu, égyptien
é + voyelle : fumée, réussir, réagir, réunion
è + consonne + e muet : mère, père, cède, collège
ê : vêtement, fête, tête

D *Cf.* Transcription, page 196.

E **Suggestion :**
Le professeur expliquera : quand la 2ᵉ consonne est un **r, l, h** ou quand on a **gn**, on accentue la lettre **e** (*exemples :* église, prêtre, éléphant, règne, cèdre, allègresse).
Mots accentués : 3. énorme. – 6. mèche. – 8. interprète. – 9. réflexion.

1. lecture – 2. mettre – 3. énorme – 4. erreur – 5. essence – 6. mèche – 7. effort – 8. interprète – 9. réflexion – 10. messe.

F *Cf.* Transcription, page 196.

SÉQUENCE 4

BIEN CHEZ SOI

p. 51

Le professeur présentera les 7 documents (un plan d'appartement, des annonces de location d'appartement, une photo de vitrine d'agence immobilière) afin d'introduire le thème de la leçon : l'habitat.

Notes :
– *Un « deux pièces »* (document 1) : on désigne ainsi un appartement qui se compose de deux pièces principales : le séjour et une chambre. La cuisine, la salle de bains et les toilettes ne sont pas pris en compte dans le classement des appartements par « type ». Ainsi, un appartement type 3 comptera deux chambres et un séjour.
– *Particulier* (document 3) : cela signifie que c'est le propriétaire lui-même qui se charge de la gestion de son appartement : le locataire devra traiter avec lui pour établir le bail, régler le loyer, etc. S'il le désire, le propriétaire peut faire appel à une agence ou société immobilière, qui, contre une commission, s'occupera de tout cela à sa place. Pour la personne qui recherche un appartement, il sera donc moins coûteux de traiter avec un particulier qu'avec une agence ou société immobilière.
– *Rez-de-chaussée :* le niveau 0 (au même niveau que la chaussée, que la rue).
– *Charges :* elles s'ajoutent au loyer et sont utilisées par le propriétaire pour régler les frais d'entretien de l'immeuble, l'eau, le chauffage...

A 2 p. : deux pièces ;
chbre : chambre ;
s. d'eau : salle d'eau (lavabo + douche) ;
5 min commerce : à 5 minutes des commerces ;
imm. : immeuble ;
séj. : séjour ;
asc. : ascenseur ;
poss. park. : possibilité de parking ;
tt cft : tout confort.

p. 52

B 1. Annonces nᵒˢ 4 et 2.
2. L'annonce n° 4 est parue dans *Le Monde*, la n° 2 dans *Le Figaro*.
3. Le premier appartement est encore libre, le deuxième ne l'est plus.
4. Il est un peu cher, il faut refaire la salle de bains et revoir l'installation électrique, il n'y a pas de fenêtre dans la chambre du fond. Il est à un étage élevé sans ascenseur.
5. Il est plutôt grand (2 chambres, un séjour, une cuisine, une salle de bains), il possède un système de chauffage individuel, il se trouve au rez-de-chaussée, l'immeuble a été refait, le loyer n'est pas trop élevé (3 500 F toutes charges comprises).
6. Il visitera le 2ᵉ appartement proposé.
7. Il a pris rendez-vous pour le lendemain à 17 heures.

C Ce jeu permettra de revoir le lexique de la maison (pièces, mobilier, objet de décoration, animaux, caractérisation de l'habitat, descriptions des comportements sociaux...).

Propositions de réponses :

1. Salon, chambre, cuisine, salle à manger, bureau, cave, grenier...

2. La cuisine parce que je suis gourmand(e).

3. L'avenue, le boulevard, l'impasse, le passage.

4. Je la mets dans ma chambre pour pouvoir la regarder le soir quand je suis couché(e).

5. Mon objet préféré est le tableau qu'un ami a peint pour moi.

6. Chez moi, j'ai deux chats car j'adore voir ces animaux bouger. De plus, ce sont des animaux très calmes, très indépendants. / Je n'ai pas d'animal.

7. Quand je suis invité(e), j'offre des fleurs ou des pâtisseries.

8. Une chaise, une table, une armoire, un lit, un fauteuil, un canapé.

12. C'est un appartement composé d'une seule pièce à vivre avec une cuisine (ou un coin-cuisine) et une salle de bains.

13. Un lave-linge, un lave-vaisselle, un four, un réfrigérateur, un aspirateur, un mixer, un grille-pain, une cafetière électrique, un robot ménager.

15. C'est un appareil lié au téléphone. Il peut faire fonction d'annuaire électronique (pour trouver un numéro de téléphone) ; il offre également de nombreux services télématiques qui permettent d'avoir accès à toute une série d'informations, chercher un horaire de train, réserver une place de théâtre, effectuer des opérations bancaires, se renseigner sur des programmes de cinéma...

16. Le congélateur qui évite de faire des courses tous les jours.

17. Dans la salle à manger qui est la pièce la plus agréable.

18. Les avantages : pouvoir se déplacer facilement (à pied), être près de tous les commerces, des salles de spectacles, habiter dans des appartements anciens, profiter de l'animation de la ville...

   Les inconvénients : subir le bruit des voitures, souffrir de la pollution, être dérangé par le rythme des commerces, être éloigné de la campagne...

19. J'ai de bons rapports de voisinage, j'ai l'habitude de saluer mes voisins, nous nous rendons de petits services en cas de besoin (arroser les plantes pendant les absences, prendre les lettres recommandées, se prêter des objets...).

20. Oh, c'est très gentil mais je ne fume pas, merci beaucoup mais je viens d'arrêter de fumer...

21. Je vais voir leurs parents et je leur explique que je suis gêné(e) par le bruit. Je leur demande de bien vouloir faire attention.

22. C'est une maison au bord de la mer, très claire, entourée par la végétation, pas très éloignée d'un village situé au sud de l'Europe.

23. Écoute, je suis désolé(e) mais je te rappelle un peu plus tard.

Si l'élève interrogé ne peut répondre à la question posée, il aura un gage, c'est-à-dire une tâche à accomplir en guise de « punition ». On pourra faire chercher ces gages collectivement en donnant aux étudiants quelques exemples :

– En 30 secondes, citer 20 mots qui commencent par la lettre *s* / *v*...

– Conjuguer le verbe *devoir* au présent et au futur.

– Répéter 10 fois cette phrase le plus rapidement possible : *les chaussettes de l'archiduchesse sont-elles sèches ou archi-sèches* ou *un chasseur sachant chasser doit savoir chasser sans son chien.*

– Citer 10 mots qui se terminent par *tion* / par *ment* / par *age.*

– Citer les 6 pays qui entourent la France (l'Italie, la Suisse, le Luxembourg, l'Allemagne, la Belgique, l'Espagne).

– Où se trouve le département du Var ? (Dans le sud de la France.)

– Qui est le Premier ministre de la France ? (Alain Juppé)

– Citez 3 régions françaises. (L'Alsace, la Provence-Côte d'Azur, le Nord Pas-de-Calais, l'Auvergne...)

– Deviner...

   Mon premier est un chiffre. (13)

   Mon deuxième est une conjonction de coordination qui sert à relier. (et)

   Mon troisième est un chiffre. (3)

   Mon tout n'est pas très large et fait seize. (très étroit / 13 et 3)

p. 53

1. Les pronoms démonstratifs

A Propositions de réponses :

1. celle = la jupe.

2. ceux-là = ces gens-là.

3. celles-ci = ces voitures-ci.
   celles-là = ces voitures-là.

Suggestion :

Le professeur pourra faire lire les dialogues déclencheurs de la séquence 4 (page 196) afin de repérer les pronoms démonstratifs (*exemples :* celle du samedi..., celle du fond..., celui-ci..., celui de l'annonce...). Il amènera les étudiants à remarquer qu'il n'est pas possible d'employer *-ci, -là* en présence d'une préposition ou d'un pronom relatif.

Il expliquera aussi qu'en français moderne, on utilise souvent la forme *celui-là* à la place de *celui-ci.*

B 2. un ordinateur - 3. des gâteaux - 4. un exercice - 5. des filles.

C 1. a. celui-ci / celui-là.

b. celui-là.

2. a. ceux des.

b. celle du.

c. celui de.

3. a. celles qui.

b. celle où.

c. ceux que.

p. 54

D Propositions de réponses :

1. Il y a celui qui est compétent. Celui-là fait toujours bien son travail.

Il y a aussi celui qui est incompétent. Celui-là est incapable d'effectuer correctement les tâches qui lui sont attribuées.

2. Il y a ceux qui sont sévères. Ceux-là exigent beaucoup de leurs enfants.

Il y a aussi ceux qui sont laxistes. Ceux-là laissent faire à leurs enfants tout ce qu'ils veulent.

3. Il y a celui (celle) qui est attentionné(e). Celui-là (celle-là) est attentif(ve) aux réactions de l'autre.

Il y a aussi celui (celle) qui est égoïste. Celui-là (celle-là) ne pense qu'à lui (elle).

4. Il y a ceux qui sont gâtés. Ceux-là font des caprices et sont insupportables.

Il y a aussi ceux qui sont adorables. Ceux-là, on a envie de jouer avec eux.

5. Il y a ceux qui sont serviables. Ceux-là aident les clients en étant courtois.

Il y a aussi ceux qui sont désagréables. Ceux-là ne répondent pas aux questions des clients.

6. Il y a ceux qui sont intéressants. Ceux-là font réfléchir et découvrir le monde.

Il y a aussi ceux qui sont ennuyeux. Ceux-là, on a plutôt envie de les refermer.

7. Il y a ceux qui sont chers. Ceux-là sont en général plus rapides.

Il y a aussi ceux qui sont économiques. Ceux-là sont plus lents ou plus incontournables.

8. Il y a celles qui sont grandes. Celles-là offrent beaucoup d'activités mais aussi du stress.

Il y a aussi celles qui sont petites. Celles-là sont calmes mais elles offrent moins d'emplois et de distractions.

9. Il y a celle qui est écologique. Celle-là respecte l'environnement.

Il y a aussi celle qui est polluante. Celle-là est heureusement en train de disparaître.

10. Il y a celles qui sont réussies. Celles-là font de jolis souvenirs.

Il y a aussi celles qui sont ratées. Celles-là sont à déchirer.

2. L'accord du participe passé avec les pronoms compléments

A La lecture des phrases de l'exercice A permettra de remplir le tableau de l'exercice B.

Note :

– *Nos romans, les as-tu tous lu ? :* Cette publicité est faite par un éditeur de livres pour enfants, la Courte échelle. Le personnage du bas ressemble à Bernard Pivot, animateur de télévision très célèbre en France pour ses émissions littéraires. Le message veut bien sûr inciter à acheter plus, puisqu'il fait remarquer aux lecteurs qu'ils n'ont certainement pas lu tous les livres publiés par cet éditeur.

p. 55

B • Employé avec *être*, le participe passé s'accorde avec le sujet :

Ils sont n**és** en 1995.

Elle est rest**ée** chez nous.

• Employé avec *avoir* :

a. le participe passé ne s'accorde pas avec le sujet :

Elle a discut**é** de son avenir.

Nous n'avons pas lou**é** cette maison.

b. Si le complément d'objet direct est placé avant le verbe, le participe passé s'accorde avec le COD.

Les photos qu'il a pris**es** sont très belles.

Ce sont les fruits que j'ai achet**és** au marché.

Cette recette ? je l'ai l**ue** dans *Elle*.

Ses papiers ? Il les a perd**us** dans le métro.

C Propositions de réponses :

1. celle = la chanson.

2. l' = la porte.

3. les = ces cartes postales.

4. l' = cet artiste.

5. l' = la vodka.

6. celles = les boucles d'oreilles.

7. les = leurs enfants.

8. vous = M. et Mme Vallet.

9. ceux = les stylos.

D 1. C'est le docteur Dailloux qui l'a soignée.

2. Celui que tu as servi.

3. Celle que j'ai payée.

4. Nous l'avons préparée.

5. Celle que j'ai reçue.

6. Pierre et toi vous l'avez décorée.

7. Non merci, je l'ai vue hier.

p. 56

Note :

– *Poussin* (item 7) : Nicolas Poussin est un peintre français (1594-1665). Le sens de la fable et l'harmonie sereine qui se dégagent d'une grande partie de son œuvre l'ont imposé comme la figure majeure du classicisme français. Une grande exposition de ses œuvres s'est tenue à Paris au début de l'année 1995.

Repères

A 1. vrai.

2. faux (17 millions).

3. faux (l'animal, considéré comme un membre de la famille, vit donc dans les maisons).

4. faux (on les caresse, on les embrasse).

5. faux (en cas de maladie sérieuse, il est amené chez le vétérinaire).

6. vrai / faux : en théorie, les animaux n'ont pas le droit d'entrer dans les lieux publics mais on en voit souvent dans les restaurants et dans les magasins d'alimentation (malgré des pancartes leur interdisant l'accès).

7. vrai (*cf.* doc. 3).

8. vrai (*cf.* doc. 3 : vu le nombre d'animaux dans les villes, les municipalités essaient de résoudre les problèmes d'hygiène par des campagnes d'information).

Note :

– *Le caniveau :* ce mot désigne la bordure pavée d'une rue, le long d'un trottoir. Cette publicité recommande aux propriétaires de chiens d'enseigner à leur animal de se soulager dans le caniveau et non sur le trottoir, comme cela se passe trop souvent en France.

p. 57 **B** **Suggestion :**

Le professeur mènera un débat après avoir fait établir des listes sur les avantages et les inconvénients de la cohabitation avec des animaux domestiques (tendresse, affection, lien avec la nature, lutte contre la solitude, rôle éducatif auprès des enfants, saleté, maladies, phobie, coutumes sociales, agression...). Puis les étudiants devront défendre leurs arguments.

3. Demander et donner des informations supplémentaires

A **Demander des informations supplémentaires :**

Marc : *Dites-moi... / Je vois, mais... / Je voudrais avoir un peu plus de renseignements... / Ah, autre chose...*

Autres propositions : Excusez-moi, je n'ai pas bien compris... / Pardon de vous déranger mais j'aimerais connaître... / Pourriez-vous me préciser... / Mais qu'entendez-vous par... / Bon, ça d'accord, mais en ce qui concerne... / Comment fait-on pour... / Dites-moi, c'est bien... / Dis-donc, tu peux aussi me dire si... / De plus, je voudrais savoir où..., quand..., combien...

Donner des informations supplémentaires :

L'agent : *Oui, mais il s'agit... Je vais vous le dire... On entend par là... Je suis à votre disposition...*

Autres propositions : Je suis là pour vous renseigner... / C'est très simple... / Bien sûr, que voulez-vous savoir...? / Ça dépend, je vais vous expliquer... / Pas de problèmes, vous allez tout savoir... / Votre question est justifiée et je vais y répondre tout de suite...

Suggestions :

Trois situations sont illustrées par des dessins accompagnés de bulles. Le professeur pourra soit :

– simplement faire retrouver aux étudiants la situation de communication : où sont les personnages, qui sont-ils, de quoi parlent-ils... (1. Jeune fille cherchant un appartement ; elle est intéressée par une proposition de l'agent immobilier dans le bureau duquel elle se trouve et lui demande l'adresse de l'appartement en question. 2. Un jeune homme cherche à louer un appartement. Il a trouvé dans le journal une petite annonce qui l'intéresse et il appelle le propriétaire de l'appartement pour obtenir des informations supplémentaires. 3. Un couple de jeunes gens visite un appartement. Ils ont vraisemblablement l'intention de le louer et ils interrogent la propriétaire au sujet des charges.)

– faire imaginer la réponse à chacune des questions posées.

– faire simuler ces situations qui seront ensuite dramatisées devant le groupe.

L'une ou l'autre de ces activités permettra aux élèves de réutiliser le vocabulaire étudié et les expressions servant à demander ou donner des informations supplémentaires.

p. 58 **B** 1. d, h, e – 2. f, i, b – 3. c, g, a.

Savoir-faire

Propositions :

1. – Bonjour, j'aimerais avoir des renseignements pour m'inscrire en faculté.

– Prenez ces formulaires et remplissez-les.

– Oui, mais je suis étranger et je voudrais savoir si mes diplômes sont reconnus en France.

– Ah, ça dépend si vous faites partie de l'Union européenne ou non.

– Je suis belge.

– Il ne devrait pas y avoir de problèmes.

– Autre chose... les droits d'inscription s'élèvent à combien ?

– À environ 1 500 F.

– Et la date du début des cours ?

– Vers les premiers jours d'octobre. Autre chose ?

– Oui, pour choisir les options, comment fait-on ?

– Alors, en général, vous avez des réunions de rentrée qui sont annoncées dans le hall de la fac. Avez-vous besoin d'autres renseignements ?

– Juste une dernière question et je ne vous dérange plus... Est-ce qu'il existe des activités annexes ?

– Oui, bien sûr, vous pouvez vous adresser au CROUS*, c'est un organisme qui s'occupe des étudiants, de leurs problèmes, de leurs activités sportives ou culturelles.

– Merci, vous êtes très aimable !

* Centre Régional des Œuvres Universitaires.

2. – Bonjour, ma voiture fait un bruit terrible ; vous pouvez me donner votre avis ?

– Ah... c'est le pot d'échappement.

– Ah bon ? Et ça coûte combien ?

– Oh, il faut bien compter dans les 700 F...

– Tant que ça ! Et dites-moi, vous pouvez me la faire pour quand cette réparation ?

– Pour demain, en fin d'après-midi.

– Mais vous êtes sûr que c'est nécessaire ?

– Écoutez, vous pouvez rouler deux ou trois jours, mais si vous êtes arrêté par la police, vous risquez une bonne amende ! Alors, qu'est-ce que vous décidez ?

3. – Tu sais pas la nouvelle ? Je vais me marier !

– Ah bon ? Mais avec qui ? Je le connais ?

– Non pas du tout, je l'ai connu l'année passée pendant les vacances.

– Allez, raconte-moi tout, son prénom d'abord ?

– Il s'appelle Franck.

– Et puis... le reste ? Je veux tout savoir. Son âge, comment il est ? Sa profession ? Sa famille ?

– Ben, il a 30 ans, il est pas très grand, il a beaucoup de charme, et surtout il est très drôle. Il est rédacteur dans une revue littéraire. Sa famille est plutôt sympa, ils sont agriculteurs en Beauce. Voilà.

– Oui, mais c'est quel type d'homme ?

– Sa plus grande qualité : il s'enthousiasme pour tout ce qu'il fait ; et son défaut : c'est un grand distrait, il est toujours un peu dans la lune !

p. 59

4. Demander des informations par écrit

A 1. C'est un prospectus, c'est-à-dire un document d'informations. Le texte de ce document explique au public ce qu'est le Futuroscope.

2. Il est destiné à un public varié *(pour vous enchanter, vous émerveiller, vous étonner. / Si vous ne le connaissez pas encore, laissez-vous surprendre... /... pour tous les budgets).*

3. Il veut informer *(dans une architecture surprenante... l'image de demain.* Tout le dernier paragraphe).

p. 60 **B** Localisation du parc : près de Poitiers dans le département de la Vienne *(cf.* l'adresse **86**130 Jaunay-Clan). La Vienne fait partie de la région Poitou-Charentes.

Historique du Futuroscope : créé en 1987.

Attractions proposées : spectacles de l'image (écrans circulaires, géants, hémisphériques). *Exemples :* le tapis magique, le kinémax.

Structures annexes : palais des congrès (accueillant des réunions, conférences, spectacles), aire de formation, aire d'activité économique.

C Le texte est composé de deux parties (deux paragraphes). Le premier paragraphe : *le parc européen de l'image* permet de découvrir de nombreuses attractions liées au monde de l'image. Le second paragraphe, *des informations pratiques* (modes d'accès, dates d'ouverture, structures annexes) donne le mode d'emploi pour la visite du Futuroscope.

D **Suggestions :**

Le professeur donnera des informations supplémentaires sur le Futuroscope avant de passer à une discussion :

Le kinémax où un film « Extrême limite » entraîne le spectateur à l'intérieur d'un corps d'un athlète, le système Omnimax permet de projeter l'image sur un écran semi-sphérique qui couvre la totalité du champ de vision, le cinéma en relief, le cinéma dynamique procure des sensations physiques étonnantes car le spectateur est attaché à des sièges mobiles simulant l'action du film ; le cinéautomate présente un film interactif où le spectateur peut intervenir sur le déroulement de l'histoire...

Le professeur pourra aussi parler des autres parcs d'attraction et demander aux étudiants s'ils sont intéressés par ce type de tourisme. En France, il existe plusieurs parcs d'attraction : Disneyland Paris (attractions liées au monde des dessins animés de Walt Disney), parc Astérix (attractions liées au célèbre personnage de BD, reconstruction de village gaulois), la France miniature (monuments et villes françaises miniaturisés, *cf.* **Cadences 1**, livre de l'élève, pages 57-58), Walibi-Stroumpf (attractions liées aux petits hommes bleus de la célèbre BD), Thoiry (réserve d'animaux sauvages)...

E 10 - 7 - 3 - 11 - 5 - 15.

p. 61

Savoir-faire

Proposition :

Andreas Wyss
Bahnhofstr. 21
8200 Schauffhausen
Suisse

La Rochelle, le 18 mars 1995.

Monsieur,

Étudiant dans une école de tourisme, je suis très intéressé par le salon du Tourisme qui se déroulera du 29 avril au 9 mai prochains à Paris.

Je vous serais reconnaissant de bien vouloir me fournir des indications concernant les tarifs, les possibilités de forfaits voyage avec logement et participation.

D'autre part, pourriez-vous me préciser les thèmes des débats et la modalité des rencontres avec les professionnels.

En vous remerciant pour tous ces renseignements, je vous prie d'agréer, Monsieur, l'expression de mes sentiments les meilleurs.

A. Wyss

p. 62

Repères

Ⓐ Doc. 2 : réussite (*transposition réussie, reconstitution d'une place et d'un square, transposition de la classique rue parisienne, les appartements sont eux-aussi personnalisés*).

Doc. 3 : semi-échec (*surfaces généreuses, 146 m² pour un 3 pièces, loyer peu élevé mais les locataires populaires se sentent mal à l'aise dans cet environnement*).

Doc. 4 : semi-échec car échec architectural (*faillite architecturale, esthétique dépassée, erreur urbanistique et sociale, problèmes d'entretien*) mais réussite commerciale (*la surface commerciale la plus rentable de France*).

Doc. 5 : semi-échec (*réussite esthétique mais utilité douteuse, les structures installées en 1988 l'ont rendu rentable mais ont abîmé son esthétique*).

p. 63

Ⓑ Doc. 1 : forme, tour, étage, cité, grands ensembles, sens urbanistique, logements dessinés.

Doc. 2 : rue, architecte, construit, étages, place, square, appartement, trois pièces, 60 à 80 m².

Doc. 3 : bâtiments en béton et aluminium, surface 146 m², type 3 HLM, locataires.

Doc. 4 : faillite architecturale, esthétique, erreur urbanistique, surface commerciale.

Doc. 5 : voûte, aménagement variable, construite, 230 mètres de portée, palais des expositions, hôtel, boutiques.

Ⓒ Suggestion :

Après lecture des mots-clés page 64, le professeur pourra faire compléter la banque de mots donnés dans l'exercice C puis passer à une discussion sur l'habitat.

p. 64

Notes :

– *Les logements collectifs :* sont soit des immeubles en co-propriété (plusieurs propriétaires pour un même immeuble, chacun possédant un ou plusieurs appartements), soit des logements sociaux (3,2 millions de ménages logés en HLM).

– *HLM :* Habitation à Loyer Modéré. Grand immeuble construit par une collectivité et affecté aux foyers qui ont de petits revenus.

– *Les résidences secondaires :* 3 % des ménages possèdent un logement où ils n'habitent pas toute l'année. Ils se rendent dans cette « seconde » résidence certaines fins de semaine ou pour passer leurs vacances.

5. Clin d'œil littéraire

Ⓐ Une femme aimée (pareilles À toi ma toute belle À toi que j'aime tant).

p. 65

Ⓑ 1. Leurs jardins sont remplis de fleurs.

2. Elles sont meublées d'armoires anciennes qui contiennent des sachets de lavande et les trésors des familles (trousseaux, bijoux, souvenirs...).

3. Les armoires sont remplies des trousseaux des jeunes filles qui étaient composés de linge brodé et d'étoffes précieuses dans les familles aisées.

Ⓒ *Elles sont parfumées de lis et de jasmin* comme les parfums de femme.

Frais pour les matinées, capiteux pour les soirs : elles changent de parfums selon les moments de la journée comme les femmes élégantes.

De jeunesse éternelle, à tout jamais parées : elles conservent un aspect physique jeune et demeurent élégantes.

Ⓓ Les habitudes : le chat aime dormir sur un lit, le chien accueille les personnes de la maison, il leur fait la fête.

L'allure générale : le chat est souple et élégant. Le singe fait des grimaces.

Les sentiments, les traits de caractère : la biche est peureuse, le serpent est sournois. Le lion est majestueux.

6. Les participes passés

A [e] -é- : coupé, fermé, crié...

[i] -i-, -is-, -it : rempli, guéri, réussi...
pris, assis, acquis...
écrit, traduit, interdit...

[y] -u- : su, lu, plu, reçu...

[ɛ] -ait : fait, distrait...

[ɛ̃] -eint, -aint : feint, peint...
craint, plaint...

[ɛr] -ert : ouvert, couvert, souffert...

p. 66

B *Cf.* Transcription, page 197.

C 1. b – 2. c – 3. b – 4. a – 5. b – 6. b – 7. b – 8. c.

D 1. lu, critiqué.
2. développée, faites.
3. construits, appréciés.
4. connus, transformés.
5. achetés, conseillés.
6. voulu, partis.
7. ouverte, trompée.
8. extraite, trouvé.

L'évocation d'histoires familiales, la découverte de la culture et de la communication médiatique, l'expression de valeurs affectives, tels sont les sous-thèmes de ce dossier dont l'objectif thématique est entre autre de présenter le monde des adolescents et leurs centres d'intérêt.

p. 67

La page d'ouverture présente trois documents :

– une photo d'antennes paraboliques évoquant les nouvelles technologies de communication ;
– une photo de deux femmes de générations différentes qui, autour d'une table, bavardent. Ce document permet de présenter la communication entre jeunes et moins jeunes ;
– le symbole de SOS Racisme, association dont le but est de lutter contre l'exclusion et le racisme (touche pas à mon pote = ne t'attaque pas à mon ami, en l'occurrence les immigrés vivant en France).

SÉQUENCE 1

D'ICI OU D'AILLEURS

p. 68

Les témoignages proposés permettent de présenter des jeunes français dont les origines et les aspirations sont différentes.

• Loan est d'origine vietnamienne et son histoire familiale est liée à l'histoire coloniale française puisque le Vietnam, alors appelé l'Indochine est devenu indépendant après la guerre d'Indochine (1946-1954).

• Tahar fait partie du monde maghrébin (Algérie, Maroc, Tunisie). L'Algérie était française jusqu'à son indépendance en 1962, le Maroc était un protectorat qui obtint son indépendance en 1956. De même, la Tunisie fut un protectorat de 1881 à 1955.

Tahar est un *beur* (enfant d'immigrés de la deuxième génération). Il est partagé entre deux cultures, Français car né en France, Maghrébin par ses origines familiales. Le problème du racisme est aussi lié au problème des banlieues qui ont formé des ghettos dans les grandes agglomérations. Les cités HLM sont, en période de crise, le théâtre d'émeutes où s'affrontent police et jeunes des cités. Elles sont le reflet du malaise de la société des années 90.

• Céline est une française de province. Elle a toujours vécu dans un milieu tolérant et ouvert sur d'autres cultures. Elle représente le désir de créer l'Europe (« *Comme quoi on peut toujours s'entendre* »).

• Christophe est parisien, pacifiste et écologiste. Il vit un peu en marge de la société. Il est objecteur de conscience, il se plaint du manque de valeurs de la société actuelle. Les progrès scientifiques allant trop vite, les personnes peuvent se sentir dépassées par la rapidité de l'évolution de la vie quotidienne (« *on n'a plus de repères* »).

Ces quatre témoignages sont extraits de l'album 1973-1993 de *Libération*, journal de gauche qui a été créé en 1969.

p. 69

Ⓐ • Origine
Loan : vietnamienne.
Tahar : marocaine.
Céline : française (Orléans).
Christophe : française (Paris).

• Souvenirs d'enfance
Loan : la vie au Vietnam, la profession de ses parents, la vie plus facile, l'arrivée en France à trois ans, le changement de conditions de vie (ses parents ont dû accepter des emplois plus modestes et moins bien rétribués), le refus de parler vietnamien.

Tahar : l'installation à Reims où son père avait trouvé du travail, le mariage précoce de sa mère, la volonté de sa mère de poursuivre des études (cours de télé-enseignement), ses lectures de grands auteurs classiques, son arrivée à la cité et ses difficultés à s'intégrer.

Céline : la présence d'immigrés chez ses parents et l'hospitalité qui leur était offerte, ses séjours à l'étranger.

Christophe : son manque de souvenirs de sa vie à Paris (sauf la mauvaise odeur de la grande ville), ses émissions préférées quand il était enfant et son intérêt pour les animaux et les sciences naturelles.

Études suivies
Loan : baccalauréat, école de logisticiens spécialisés dans les missions humanitaires.
Tahar : faculté de droit.
Céline : faculté de droit.
Christophe : baccalauréat de biochimie.

Activités actuelles
Loan : études dans école de logisticiens.
Tahar : études de droit.
Céline : études de droit.

Christophe : service civil (objecteur de conscience dans un parc national).

Projet

Loan : terminer ses études et participer à des missions humanitaires.

Tahar : essayer d'améliorer la situation des jeunes des cités en devenant commissaire de police.

Céline : devenir juriste internationale aux communautés européennes afin de collaborer à la construction de l'Europe.

Christophe : tenter de trouver un emploi dans la réserve pour travailler dans un secteur lié à la protection de la nature.

B Tahar : Voltaire, Montesquieu ; il voulait comprendre la culture française en lisant les philosophes du XVIIIe siècle qui ont défendu dans leurs œuvres les idées de la Révolution française (égalité, tolérance, liberté...).

Céline : sa famille ; sa mère était assistante sociale et aidait les immigrés quand ils avaient des problèmes, ses parents les recevaient beaucoup.

Christophe : il a gardé peu de souvenirs en dehors de la mauvaise odeur de la ville.

1. Évoquer le passé

A

Passé composé	Imparfait
on a quitté	ils avaient
ma mère est devenue	ils voyaient
j'ai passé	j'avais/j'étais
	je refusais
	je voulais

B

Présent	Imparfait
nous réussissons	tu réussissais
nous pouvons	il/elle pouvait
nous allons	nous allions
nous croyons	vous croyiez
nous prenons	ils/elles prenaient
il/elle/on était, nous étions, vous étiez, ils/elles étaient.	

p. 70

C 2. Pendant la guerre, elle travaillait à l'usine de 8 heures du matin à 6 heures du soir.

3. Il était instituteur dans un petit village.

4. Elle vivait au Canada et elle passait ses vacances près des Grands lacs. Elle faisait du ski, de la luge.

5. Il habitait Paris qu'il a quitté pour s'installer dans le sud-ouest.

Notes :

– *Le temps du Moulin Rouge :* évocation de la Belle Époque, au début du XXe siècle.

– *La Libération :* à la fin du deuxième conflit mondial, la France a été libérée par les troupes alliées en 1944-1945.

– *Le gîte rural :* formule d'hébergement qui permet aux citadins de pouvoir séjourner dans des fermes ou dans des maisons de campagne. Ce type de tourisme s'est beaucoup développé durant ces dernières années.

Suggestions :

Le professeur pourra poser des questions supplémentaires sur les dialogues :

1. Est-ce qu'elle aimait Paris ? Pourquoi avait-elle du succès ?

2. Quels souvenirs a-t-elle de la guerre ?

3. Pourquoi respectait-on l'instituteur ?

4. Revoit-elle ses amis québécois ? Veut-elle retourner au Canada ?

5. Où travaillent-ils ? Est-il content de sa vie ?

D Propositions de réponses :

2. Avant, les femmes restaient chez elles, elles s'occupaient de leurs enfants, elles faisaient la vaisselle, elles préparaient les repas...

Puis, beaucoup de femmes ont commencé à travailler à l'extérieur de la maison.

Maintenant, beaucoup d'entre elles travaillent. Leurs maisons sont, en général, fort bien équipées : de nombreux appareils ont fait leur apparition tels le lave-linge, le lave-vaisselle, l'auto-cuiseur...

3. Avant, on vivait dans des villages, les gens s'asseyaient sur les bancs des places publiques pour bavarder, il y avait des petits commerces. Puis la révolution industrielle a eu lieu et les villes se sont transformées.

Maintenant, on trouve de nombreux immeubles au centre des villes et il n'y a plus de petits commerces, les voitures envahissent les rues.

3. Avant, les familles étaient composées de plusieurs générations, on passait les soirées à jouer aux cartes, à lire auprès de la cheminée, à bavarder.

Puis on a inventé la télévision.

Maintenant, on passe la soirée devant la télévision sans se parler ou on travaille ou joue devant un écran d'ordinateur.

p. 71

E Propositions de réponses :

1. je **travaillais** et je **gagnais** suffisamment d'argent mais l'année passée, on m'**a licencié**, j'**ai perdu** mon emploi.

2. je **fumais** deux paquets par jour mais il y a deux ans, je **suis tombé(e)** malade, le médecin m'a dit d'arrêter.

3. Nous **étions** en vacances et à notre retour on **a trouvé** la maison vide.

4. Avant, c'**était** tranquille avec des artisans. Depuis quelques années, on **a décidé** de transformer tout ça en rues piétonnes où il n'y a que des boutiques.

5. Je **conduisais** tranquillement pour aller au bureau quand, soudain, une voiture n'**a** pas **respecté** la priorité et a défoncé la portière.

2. Se souvenir

A Se souvenir :

Là-bas, autrefois, mon père était militaire, je me rappelle bien, j'étais (le seul beur), / j'ai peu de souvenirs de la grande ville, / sauf que je n'ai pas oublié que ça sentait mauvais.

Autres façons de dire : n'oubliez pas que..., tu te rappelles notre vieille maison..., rappelle-toi, nous... si j'ai bonne mémoire, on allait... autrefois, je faisais... de mon temps, les jeunes... jadis, les femmes...

B Remarques :

p. 72

L'objectif des pages 72 et 73 est de proposer une activité liée à l'emploi du présent et des temps du passé à travers deux clichés de photographes célèbres (français et américain). Les documents montrent Paris avant et après la guerre (une rue de Montmartre et la Bastille avec vue sur les toits de Paris et sur les deux tours de Notre-Dame).

La sonnette

1. Faux : il l'a découverte l'année passée.
2. Vrai : sauf lui car sa grand-mère l'habillait en veste et pantalons courts.
3. Vrai : rouquin.
4. Faux : il incitait les enfants à faire des bêtises, à tirer les sonnettes par exemple.
5. Faux : c'est un peu par hasard qu'il est devenu brocanteur.

Les amoureux de la Bastille

1. Vrai : ils s'engueulaient (familier).
2. Vrai : ça ne se faisait pas.
3. Faux : il y avait des gens derrière eux.
4. Faux : elle a fréquenté une école religieuse (chez les sœurs).
5. Vrai : le libraire d'à côté.

C Suggestions :

p. 74

Le professeur s'assurera de la bonne compréhension de la consigne et de chaque terme comme *courtisane*, *rebelle*, *homme de médecine*, *terrien*, *bon vivant* (qui aime bien manger et boire et apprécie tous les plaisirs de la vie). Il insistera sur l'emploi du passé composé et de l'imparfait qui est l'objectif de l'exercice.

Propositions de réponses :

Un sorcier : je vivais au Moyen Âge, j'étais riche et je passais ma vie à lire de vieux manuscrits, je voulais découvrir comment on pouvait fabriquer l'or. À l'époque, je m'en souviens très bien, ma famille habitait en Espagne. Je parlais espagnol mais aussi le latin et le français. Ma maison était grande et un peu à l'écart de Séville. Je portais des vêtements longs et toutes mes journées étaient occupées à mes recherches. Les gens de la ville ont commencé à avoir peur de mes activités et à l'époque, cela était dangereux. J'ai été emprisonné et brûlé pour sorcellerie.

Un explorateur : j'étais italien, je vivais à Gênes et je me rappelle bien, je voulais partir pour les Indes, j'espérais devenir riche. Mon père était artisan, orfèvre. La maison n'était pas luxueuse, je dormais dans le grenier avec tous mes frères. Mes parents voulaient me voir devenir prêtre. Jadis, dans les familles pauvres, c'était une solution pour les fils. Mais, moi, j'ai préféré m'engager dans la marine et je suis parti avec Colomb, nous avons découvert l'Amérique. J'étais enthousiaste, je suis revenu riche, j'ai pu m'acheter des bijoux, une maison, j'ai voyagé dans l'Europe entière et j'ai fréquenté la cour du roi de France...

Savoir-faire

p. 76

Propositions de réponses :

1. Je garde le souvenir très précis du moment où j'ai voulu devenir milliardaire. J'étais petit(e) et j'avais un cousin qui avait tous les jouets qu'il désirait. Ses parents avaient une belle situation et les miens étaient moins riches ; je détestais ce cousin et je me suis promis, rien que pour l'embêter, de devenir aussi riche que lui afin de m'acheter d'aussi belles voitures que les siennes. Je me suis mis à garder mon argent de poche car je pensais qu'au bout de quelques mois, je serais devenu riche. Ça n'a pas marché, tant pis...

2. Il y a cinq ou six ans, j'étais étudiant et je travaillais pendant mes vacances dans une boutique de vêtements. Mon patron exigeait de ses employés de vendre le maximum. C'était un odieux personnage. Un jour, une fille est rentrée dans le magasin, elle a essayé un jean, il ne lui allait pas du tout, je le lui ai dit, mon patron m'a entendu et m'a traité d'abruti et d'incapable. Je me souviens parfaitement que la fille était jolie et sympa, je ne sais pas ce qui m'a pris, j'ai giflé mon patron qui m'a licencié aussitôt. Cela s'est bien terminé, je suis sorti avec cette fille et un an après, nous nous sommes mariés...

3. Rédiger un récit

A 1. Dans une brasserie : le Wepler à Paris.

    2. En début d'après-midi *(trop tard pour le déjeuner, trop tôt pour le thé)*.

    3. Une femme, la narratrice et un homme, Armand.

    4. Non, il s'agit d'un premier rendez-vous. *(Il m'a dit que la photo était très bonne, il m'avait reconnue tout de suite.)*

    5. Un « certain âge » (environ 55-60 ans).

B 1. **Situation initiale** *(quand je suis arrivée... les gens et les voitures)* : le lieu (le café), le moment *(trop tard pour le déjeuner, trop tôt pour le thé)*, les personnages (la narratrice qui parle de ses souvenirs, de ses habitudes / Armand).

    Déclencheur *(juste comme je ne pensais plus... il est arrivé)* : l'arrivée de l'homme attendu.

Événements *(il s'est assis... de ma génération)* : il a parlé, il a évoqué la photo, elle a pensé à son aspect, elle a souri et il a remarqué son sourire.

Situation finale *(l'homme parlait... Armand)* : l'homme propose qu'elle l'appelle par son prénom.

2. **Les temps employés pour la première partie** : le passé composé pour les faits ponctuels *(je suis arrivé, j'ai regardé, j'ai ôté...)*. L'imparfait pour l'évocation de faits non déterminés dans le temps *(j'avais, Armand n'était pas là, c'était un moment tranquille...)*. Le présent pour la réalité présente *(c'est du ragondin, elle se tient, je suis, j'aime...)*. Le plus-que-parfait pour l'antériorité des actions *(l'avait choisi, me les avait offertes...)*.

Pour la deuxième partie : imparfait *(je ne pensais plus)*, passé composé *(il est arrivé)*.

Troisième partie : passé composé *(Il s'est assis, il n'a pas hésité...)*

Imparfait *(était, il me trouvait ...)*

Présent *(j'ai, je suis, c'est ...)*

Conditionnel *(je n'aimerais)*

Quatrième partie : imparfait *(parlait)*

Passé composé *(il m'a dit)*

Impératif *(appelez-moi)*

Notes :

Il s'agit d'un extrait d'une nouvelle dont le recueil s'intitule *Le plus beau jour de ma vie.*

– *Ragondin :* rongeur dont on utilisait la fourrure pour les vêtements.

– *Elle se tient très bien :* elle fait encore bonne impression.

– *Je l'ai fait reprendre :* une couturière me l'a retouchée.

– *Ma pauvre sœur :* sa sœur est décédée.

– *Du Paris de mes belles années :* le Paris de sa jeunesse.

– *Bon enfant :* agréable et sans prétention.

– *L'image que m'a renvoyée mon poudrier :* elle se regarde dans la glace d'un accessoire de maquillage.

– *Pomponnée :* maquillée.

– *L'air raviné :* l'air vieilli.

– *Charles :* prénom de son ex-mari. Le début de la nouvelle nous apprend qu'elle est veuve depuis plus de dix ans.

p. 77 **C** Cette année-là, en 1785, le roi et la reine de France étaient très satisfaits. Il y avait de grandes fêtes organisées à Versailles : par exemple, le 7 octobre 1785, la cour a pu assister à la présentation de pièces de théâtre puis à des feux d'artifice. La reine portait une robe ravissante, brodée de fils d'or et tout le monde a pu admirer ses bijoux.

La cour de France vivait encore dans l'insouciance et ne pensait qu'à s'amuser... Mais peu à peu, les idées des philosophes se sont propagées dans les cafés de Paris. Montesquieu et Voltaire défendaient les idées de liberté, d'égalité, de justice. Ces idées reflétaient le désir de changement du peuple français. Le peuple a obligé Louis XVI à réunir les États généraux qui devaient établir des réformes : la noblesse, le clergé et le Tiers-État. On discutait de la suppression des privilèges de la noblesse et du clergé (impôts, justice...). La Révolution française commençait, il y avait des émeutes dans Paris. Le peuple n'acceptait plus les dépenses faites à la cour, on détestait Marie-Antoinette qu'on accusait d'avoir une mauvaise influence sur le roi et aussi de soutenir les intérêts de l'Autriche. Le 14 juillet 1789, la Bastille, prison royale, a été prise par le peuple de Paris. C'était le symbole de l'absolutisme qui est tombé. Le 26 août, la déclaration des droits de l'homme et du citoyen est votée par l'Assemblée nationale *(Les hommes naissent et demeurent libres et égaux en droits, nul ne peut être inquiété pour ses opinions, même religieuses... la libre communication des pensées et des opinions est un des droits les plus précieux de l'homme...)*. Puis le roi et la reine ont tenté de s'enfuir mais ils ont été arrêtés et emprisonnés. Leur procès a eu lieu et ils ont été condamnés à la guillotine. La République était instaurée en France...

Notes :

– *Marie-Antoinette :* archiduchesse d'Autriche et reine de France (1755-1793). Mariée à Louis XVI *(mon « bon » Louis)*, elle eut quatre enfants. Frivole et insouciante, elle se rendit impopulaire par sa conduite et ses dépenses. Elle fut jugée et condamnée à mort.

– *Montesquieu (1689-1755) :* s'est intéressé aux sciences et aux questions sociales. Il a écrit *Les Lettres Persannes* où il utilise le regard oriental comme révélateur des défauts de la société parisienne. Il a aussi rédigé *L'esprit des lois* qui définit la nature et les principes des différents gouvernements et dans lequel il a fait l'éloge de la constitution anglaise qui lui semblait garantir la liberté par la séparation des pouvoirs (exécutif, législatif, judiciaire). Il a aussi dénoncé l'esclavage ainsi que Voltaire *(Candide)*.

– *Voltaire (1694-1778) :* il fut à plusieurs reprises condamné pour ses écrits *(Les Lettres anglaises, Les Lettres philosophiques)* car il célèbre les vertus de la tolérance religieuse et de la liberté politique permise par une constitution qui limite le pouvoir des rois. Son premier conte philosophique, *Zadig ou la Destinée* (1747), transpose ses déconvenues de courtisan et le montre prêt à remettre en question la Providence. Il s'est indigné contre la pratique de la torture, utilisée à l'époque comme moyen d'investigation et comme supplice, il s'est prononcé en faveur de la liberté d'expression des idées, contre la censure.

– *Le café Procope :* lieux de dégustation de boissons nouvelles (le moka), les cafés devinrent le cadre de débats littéraires et philosophiques, le Procope et le café de la Régence étaient les plus célèbres.

– *Les États généraux :* dans la France de l'Ancien Régime, assemblée politique réunie irrégulièrement par la monarchie et composée de trois ordres (noblesse, clergé, Tiers-État) : en 1789, en pleine crise économique et sociale, le Tiers-État réussit à s'imposer.

– *L'Assemblée nationale :* après le serment du jeu de paume (20 juin 1789), les États généraux prirent le nom d'Assemblée nationale constituante, mettant fin à l'absolutisme royal au profit d'une monarchie constitutionnelle.

p. 78

Tableau «Écrire un récit»
Suggestion:
Le professeur fera remarquer les temps utilisés.

Savoir-faire

Proposition de réponses:
Monsieur Dupont vivait à la campagne avec sa femme et ses quatre enfants. Il était agriculteur et il travaillait énormément. Sa ferme était vétuste et il devait tout faire seul quand il y avait la moisson. Sa vie était dure et il manquait d'argent. Mais, un jour, il a acheté un billet de loto et au tirage il s'est aperçu qu'il avait gagné le gros lot. Toute sa vie a changé: il a acheté une belle maison, une voiture luxueuse, sa famille a pu s'habiller correctement.
Hélas, il a décidé d'investir sa nouvelle fortune à la bourse, il voulait devenir un homme d'affaires et s'enrichir davantage...
Il a tout perdu, il est redevenu pauvre...

p. 79

4. Les préfixes négatifs

Ⓐ unir / élégant / possible / désirable / sympathique / compréhensible / faire.

Ⓑ 1. Irréel: quand j'ai eu mon examen, j'étais tellement heureux que tout me semblait irréel.
2. Se déshabiller: à la piscine, il faut se déshabiller dans les vestiaires.
3. Illégal: ne pas payer ses impôts, c'est illégal.
4. Atypique: sa façon de faire est atypique.
5. Insatisfait: il n'est jamais content, c'est un éternel insatisfait.
6. Dégel: la température s'est adoucie, le dégel va commencer.
7. Inexactitude: l'inexactitude de ses affirmations a été prouvée.
8. Non-conformiste: il vit différemment des autres, il est vraiment anti-conformiste.
9. Déménager: nous changeons de ville, nous déménageons.
10. Décoller: nous refaisons notre maison, nous décollons les tapisseries avant de repeindre.

Repères

Ⓐ 1. Oui: *mais en se réunissant, elles [les régions] ont constitué la France; le français a pris aussi la place des dialectes régionaux, permettant à tous les habitants des provinces de se comprendre.*
Mais l'unité linguistique, régionale a mis du temps à se réaliser. Il existait des dialectes et ce n'est qu'avec l'école laïque et obligatoire que la langue française s'est imposée comme langue nationale.

2. Vagues d'immigration: italienne, russe, polonaise, espagnole, portugaise, algérienne, tunisienne, marocaine, africaine, vietnamienne.

3. Ils ne trouvaient plus de travail dans leur pays. Certains s'expatriaient pour des raisons politiques (les Espagnols). À d'autres, la France proposait des emplois car elle manquait de main-d'œuvre.

4. La France a pu bénéficier d'une population jeune et nombreuse surtout après les deux grands conflits mondiaux. La présence des immigrés a aussi aidé la France à développer son économie (industrie métallurgique, bâtiment, industrie chimique...).

p. 81

Ⓑ 1. On estime à 3,6 millions le nombre d'immigrés en France soit 6,3 % de la population totale (doc. n° 8).

2. Portugais, Algériens, Marocains, Espagnols, Italiens, Tunisiens, Asiatiques, Turcs (doc. n° 8).

3. Le nombre important d'enfants dans certains établissements scolaires, le problème du logement, l'intégration culturelle (port du voile, problème de religion), le racisme (doc. nos 2, 5, 7).

4. Difficultés de logement, de langue, leurs emplois sont ceux qui sont les plus durs: travaux sur autoroute, éboueurs, bâtiment, sidérurgie... (doc. nos 4, 5).

5. C'est le symbole des sympathisants de SOS Racisme: après 1981, une vague anti-immigrés très violente avait vu le jour; l'association SOS Racisme avait été créée (doc. n° 3). Son symbole indiquait la volonté de lutter contre toute forme de racisme. Le slogan «Touche pas à mon pote» (= ne t'attaque pas à mon ami) rappelait la main de Fatma, porte-bonheur maghrébin, et aussi le geste convivial de se serrer la main pour se saluer.

6. Amina, chanteuse; Yves Montand, acteur; Michel Platini, footballeur; Yannick Noah, tennisman (doc. nos 1, 6, 9).

7. Ils occupent des emplois de main-d'œuvre (doc. n° 4).

8. Oui, il y a eu ce que l'on a appelé «l'affaire des foulards», liée au port du voile par les jeunes filles musulmanes. Il est interdit en France d'introduire et d'exhiber des signes religieux dans les écoles – principe de la laïcité – (doc. n° 7).

Ⓒ Le professeur fera lire les mots-clés avant de passer à un débat.

5. Distinction présent / imparfait / passé composé

(A) *Cf.* transcription de l'exercice, page 197.

p. 82

(B) *Cf.* transcription de l'exercice, page 197.
2. Faire : je fais, je faisais, j'ai fait.
3. Aller : il va, il allait, il est allé.
4. Devenir : ils deviennent, ils devenaient, ils sont devenus.
5. Boire : je bois, je buvais, j'ai bu.
6. Se réveiller : elle se réveille, elle se réveillait, elle s'est réveillée.

(C) *Cf.* transcription de l'exercice, page 197.

SÉQUENCE 2

CHACUN SES GOÛTS

p. 83

(A) • Adeline et Vanessa : aiment P. Kaas (*l'idole, une voix si profonde, si sensuelle, j'ai des frissons partout, dément, elle est belle, j'adore ce qu'elle chante, sa voix, j'ai tous ses CD*).

• Maxence : n'a pas d'opinion (*je la connais, maman l'écoute, papa râle*).

• Guy : n'aime pas P. Kaas (*on parle tellement d'elle... que je ne peux plus la voir, elle n'est pas exceptionnelle, elle est loin d'avoir le talent d'Édith Piaf* – chanteuse réaliste des années 50 : « La vie en rose », « Mon homme à moi », « La foule »).

• Said : aime P. Kaas (*elle chante à merveille, je connais bien ses chansons, elle est superbe, elle a de très jolies jambes et beaucoup de charme*).

• Delphine : n'aime pas P. Kaas (*en connaissant des gens dans le milieu, ce n'est pas difficile d'avoir du succès*).

• Tristan, Quentin et leur papa : n'ont pas d'opinion (*j'en pense rien, je veux pas le dire, je sais pas, franchement, je sais pas*).

(B) 1. Pour six raisons : 1) c'est une idole. 2) Tout le monde se l'arrache. 3) Elle a une voix profonde et sensuelle. 4) Adeline a des frissons chaque fois qu'elle l'écoute. 5) Vanessa la trouve belle. 6) Elle adore ce qu'elle chante.

2. Il se met en colère car il trouve que sa femme écoute trop souvent P. Kaas.

3. Parce qu'on parle trop d'elle partout, il est lassé de toute cette publicité. Et puis, il préfère É. Piaf, chanteuse à qui on compare souvent P. Kaas en l'appelant « la nouvelle Piaf ».

4. Il est attiré par sa voix et aussi par son charme physique, ses jambes en particulier.

5. On peut estimer qu'elle est très pessimiste car elle croit qu'il suffit d'avoir des connaissances pour réussir dans la vie.

Suggestion :
Le professeur pourra lancer un débat : comment devient-on une vedette, quelles qualités faut-il posséder ? Faut-il avoir de la chance ou des relations ?

6. Réponses ouvertes selon les étudiants.
Le professeur peut faire écouter la chanson « Patou Blues » (page 84) si aucun participant ne connaît P. Kaas.

Notes :
– *Patricia Kaas :* chanteuse des années 80, qui a connu le succès avec les chansons « Mademoiselle chante le blues », « D'Allemagne »...
– *Festival de la chanson francophone :* festival de chanteurs-compositeurs du monde francophone.

p. 84

Repères

Cette chanson permettra au professeur de faire connaître P. Kaas aux étudiants qui ne l'auraient jamais entendue.
1. c – 2. a – 3. b.

1. Comprendre et utiliser les expressions à la mode

(A) c'est dément = c'est incroyable.
c'est énervant = c'est la barbe.
c'est ennuyeux = quelle galère !
c'est passionnant = c'est d'enfer !

Notes :
– *J'en étais à... :* cela faisait deux heures que j'étais sous la pluie.
– *Ma petite Patou :* ma petite Patricia.
– *Tu es mal partie :* tu es dans une mauvaise situation, ça commence mal.
– *Je, tu :* P. Kaas raconte toute une série d'événements en utilisant le pronom « je ». L'emploi du « tu » marque le passage au dialogue intérieur.

p. 85

(B) Remarque :
Il s'agit ici de distinguer deux registres de langues, mélangés à l'intérieur de chaque réplique. Dans le dialogue A, les personnes sont deux jeunes adolescents, dans le dialogue B, il s'agit de deux femmes dans un salon de thé.

Dialogue A
– Hier soir, on est allés au concert de Patricia Kaas avec quelques potes ; l'angoisse ! Je la trouve complètement flippée cette minette. En plus, j'aime pas son look...
– Oh non, elle est canon ! Moi, j'ai vu son spectacle l'an dernier, c'était d'enfer !
– Eh ben là, c'était plutôt bidon. En plus, bonjour le monde, plus de 6 000 personnes ! Tu aimes peut-être, mais moi, c'est pas mon trip.
– T'es quand même zarbi... Tu préfères les chanteurs ringards que tes parents écoutaient ?

Dialogue B

– Hier, Georges m'a emmenée voir Patricia Kaas ; je n'ai pas du tout aimé son concert. Je la trouve triste, cette jeune fille, et en plus je déteste son allure !

– Ah oui ? Moi, je la trouve ravissante. J'ai vu son spectacle l'an dernier et c'était merveilleux.

– Cette fois-ci, ce n'était pas exceptionnel. Et puis, que de monde ! Plus de 6 000 spectateurs ! Tu aimes peut-être les bains de foule, mais moi, ce n'est pas ma tasse de thé !

– Tu es tout de même bizarre... Tout cela a évolué, il faut vivre avec son temps !

C 1. i – 2. j – 3. c – 4. h – 5. e – 6. f – 7. b – 8. g – 9. d – 10. a.

p. 86 **D** Propositions de réponses :

Vignette n° 1 : elle est pas branchée, ça craint sa façon de s'habiller.

Vignette n° 2 : dur-dur, ton père avec toi ! Il est vraiment pas cool !

Vignette n° 3 : quelle galère ! Bonjour les rhumes ! On a fait fort aussi de partir au mois de mars, tout le monde le sait que ça craint le temps, ces mois-là !

p. 87 ## 2. Le gérondif

A en recevant : recevoir, nous recevons ;

en écoutant : écouter, nous écoutons ;

en souriant : sourire, nous sourions.

Le participe présent se forme à partir du radical de la première personne plurielle du présent + *ant*.

Le gérondif a la même forme que le participe présent mais il est précédé de *en*.

B Verbe 2 : temps (quand), dès que j'ai écouté ce disque, j'ai été très émue...

Verbe 3 : manière (comment), avec un sourire...

C 1. En arrivant.

2. En criant.

3. En remplissant le formulaire.

4. En vous promenant.

5. En réfléchissant.

6. En grandissant.

7. En changeant.

8. En faisant le ménage.

9. En courant trop vite.

10. En ne mangeant plus de sucre.

11. En étudiant.

p. 88 **D** 1. En voulant payer avec ma carte de crédit.

2. En économisant un peu d'argent tous les mois.

3. En allant à la piscine tous les dimanches.

4. Simplement, en discutant énormément avec le vendeur.

5. En sortant de la douche.

6. En allumant la lumière.

E Propositions de réponses :

1. En prenant le métro tous les jours à la même heure.

2. En faisant du yoga.

3. En discutant avec ses parents.

4. En montant sur une échelle.

5. En jouant au tiercé.

p. 89 ## 3. Exprimer la cause

A a. puisque ;

b. pourquoi, parce que ;

c. pouquoi, à cause de ;

d. car ;

e. à force de.

B Propositions de réponses :

1. Parce qu'ils peuvent m'aider dans mon travail.

2. Oui, puisqu'on a rendez-vous avec Louis !

3. Non, puisque vous avez acheté un vol avec tarif réduit.

4. Parce que j'étais trop fatigué(e) pour me coucher tard.

5. Oui, puisque c'est la semaine du 14 juillet, on fait le pont !

p. 90 **C** Propositions de réponses :

1. J'ai réussi mon examen grâce à son aide.

2. Vous connaissez votre texte par cœur à force de le répéter vingt fois par jour.

3. Il a dû renoncer à son voyage à cause de la maladie de sa mère.

4. Ils ont gagné le match grâce à la performance de leurs joueurs.

5. Grâce aux nombreuses mesures prises par le Gouvernement, on arrivera peut-être à résorber les problèmes économiques.

6. À cause de ton obstination à vouloir partir à la campagne, je renonce à nos vacances.

7. M. Drot a enfin convaincu ses interlocuteurs à force de leur expliquer le bien-fondé de sa proposition.

8. Michel travaillera jusqu'à minuit à cause de son retard.

D Propositions de réponses :

1. Grâce à une décision du ministère du Tourisme, les musées seront ouverts jusqu'à 23 heures au mois de juillet et au mois d'août.

2. Un employé gifle son patron car celui-ci était agressif avec lui.

3. C'est grâce à une réforme du système scolaire qu'une deuxième langue a été introduite à l'école élémentaire.

4. Certains ministères vont être déplacés en province parce qu'on a décidé de décentraliser les structures publiques.

5. Grâce au succès remporté, le spectacle Zingaro va être prolongé d'un mois.

6. Vanessa Paradis décide de vivre à Los Angeles parce qu'elle désire rencontrer des artistes américains pour devenir plus professionnelle.

7. À cause d'un accident entre deux véhicules, la circulation a été bloquée pendant deux heures.

8. Il y a eu de graves incidents à la frontière de la Mauritanie à cause de nouveaux règlements douaniers.

9. À force de détourner les fonds, un commerçant de Nice a été condamné à dix ans de réclusion.

10. Des habitants du quartier des Halles ont protesté à cause du tapage nocturne incessant qu'ils subissent.

4. Exprimer la conséquence

p. 91

A Expressions de conséquence : elle a une voix **si** profonde et **si** sensuelle **qu'**à chaque fois... j'ai des frissons partout / elle l'écoute **tellement** souvent **que** papa râle tout le temps / je suis **si** heureuse **que** je sais pas quoi te dire !

B Propositions de réponses :

2. Il est si gentil que tout le monde l'aime.
3. On a dû faire tellement de kilomètres qu'on ne peut plus marcher.
4. J'ai mal à la tête, c'est pourquoi je préfère rester au calme.
5. Les feux sont en panne si bien que toute la circulation est bloquée.
6. J'avais tellement soif que j'ai bu trois verres d'eau.
7. Jacqueline ne parle pas beaucoup alors nous croyons qu'elle est timide.
8. On avait dix heures d'attente à l'aéroport, on a donc décidé de visiter un musée.

C Propositions de réponses :

1. Cette chanson obtient un si grand succès qu'on l'entend sur toutes les radios.
2. Le nombre d'étudiants a tellement augmenté que le gouvernement a débloqué des fonds afin de construire de nouveaux locaux.
3. Nous avons bu trop de champagne si bien que la tête nous tourne.
4. Le sida est une maladie si grave que tout le monde en a peur.
5. Son contrat n'a pas été renouvelé, il est donc au chômage.
6. Nous sommes étrangers si bien que nous avons du mal à vous comprendre.
7. Je disposerai de quelques jours de vacances en mai alors je te rendrai visite.

8. Il a tellement faim qu'il peut manger plusieurs plats de pâtes.
9. Les valeurs morales de la société changent tellement qu'il est difficile de s'y adapter.
10. Nous avons si peu fait le ménage depuis quinze jours que tout est sale.

p. 92

D 2. Cause : crainte de la police d'être attaquée ; conséquence : trois blessés par des gaz lacrimogènes.

3. Cause : manque d'alibi ; conséquence : condamnation de l'accusé à quinze ans de réclusion.

4. Cause : mauvaise saison touristique due au mauvais temps ; conséquence : organisation de journées de réflexion.

5. Cause : protestations des habitants du XXᵉ ; conséquence : création d'espaces verts.

Savoir-faire

Propositions de réponses :

1. – Monsieur l'agent, c'est parce que j'ai cru qu'il y avait un stop sur ma droite que je ne me suis pas arrêtée.
   – Eh ben, ma petite dame, ça va vous coûter cher !
   – Mais la semaine dernière, il y avait encore un stop si bien que là, je n'ai même pas freiné ! Heureusement, je roulais si doucement qu'il n'y a pas trop de dégâts, juste une aile un peu abîmée.
   – J'espère que vous possédez une bonne assurance !
   – Oui, et puis c'est mon premier accident en dix ans alors je suis pardonnable...

2. – Veuillez excuser mes retards, mais tout le monde chez moi est malade, alors je dois attendre l'infirmière avant de pouvoir partir.
   – Vous n'avez qu'à dire à cette personne d'arriver un peu plus tôt ! À force d'être en retard, vous bloquez tout le service ! Vous savez bien qu'en ce moment, on prépare la rentrée !
   – Vous avez parfaitement raison, dès demain, je ferai en sorte d'être à l'heure, Monsieur...

3. – Madame (Monsieur) Star, pourriez-vous répondre à quelques questions ?
   – Oui, bien sûr, avec plaisir.
   – Pourquoi avez-vous choisi d'être actrice (acteur) ?
   – C'est une tradition familiale, grâce à mes parents, j'ai toujours vécu dans un milieu d'artistes alors... ça s'est fait tout naturellement...
   – Bon, vous étiez enfant de la balle mais pour devenir célèbre, ça ne suffit pas !

– C'est un peu lié, mes parents faisaient partie d'une troupe théâtrale et on nous avait engagés pour le tournage d'un film. J'ai été remarqué(e) par le metteur en scène qui m'a proposé le premier rôle, le film a connu un grand succès si bien qu'en peu de temps, je suis devenu(e) célèbre...

– Devenir célèbre, qu'est-ce que cela a changé dans votre vie professionnelle ou privée ?

– Pour le travail, à force de tourner des films à succès, je peux choisir avec qui je veux travailler, ça, c'est une grande chance ! C'est pourquoi j'ai décidé de réfléchir davantage avant d'accepter d'autres propositions. En ce qui concerne ma vie privée, c'est quelquefois un peu compliqué, on est très exposé alors il faut se cacher un peu du public pour essayer de vivre comme les gens normaux...

5. Clin d'œil littéraire

p. 93

A La narratrice est une femme d'âge mûr : elle a des enfants qui sont des adolescents, la plus jeune, Dorothée a douze ans : de plus, elle parle de la génération de ses enfants, elle pourrait avoir entre 40 et 50 ans.

B Première partie : une langue universelle
(*Je crois... la musique, la même musique.*)
Deuxième partie : la rencontre
(*Au cours d'un été... et de mentonnières.*)
Troisième partie : un spectacle fantastique
(*Ils sont venus près du feu... de ce que c'était l'Amérique pour eux.*)
Quatrième partie : le manège d'adieu
(*Le matin... Je les aime beaucoup.*)
Cinquième partie : l'accès à l'émotion
(*C'était la musique... d'aventures.*)

C *La musique :* la douceur, la communication.
Autour du feu : allusion au crépitement du bois qui brûle.
Une pétarade formidable : allusion au bruit infernal des motos, impression d'agressivité.
Un cataclysme de bruit : impression d'un monde qui s'effondre.
Ils se sont mis à gratter :* impression agréable d'harmonie et de prise de contact à travers la musique.
Ils ont raconté, ils ont parlé : impression d'échanges amicaux, de chaleur.
Des feux d'artifice : impression de fête.

Note :
– *Gratter :* jouer d'un instrument à cordes.

D *Qui absorbaient la pente raide de la dune :* la puissance des motos prévaut sur l'élément naturel, les engins dominent la nature.
Un cataclysme de bruit : le bruit est comparé à un désastre, à un fléau.

Trois jeunes gens, secs, habillés de cuir noir avec de gros dessins colorés : les jeunes sont comparés à des anges déchus, ils portent des blousons noirs un peu inquiétants.
Les flammes faisaient briller leurs chromes par éclats : le feu donne à la scène un aspect infernal et effrayant.
Les yeux froids dans des visages bardés de casques et de mentonnières : les jeunes gens ne semblent avoir aucun sentiment, l'auteur les présente tels des soldats mercenaires d'une époque barbare.

E Après avoir été effrayée par l'aspect terrifiant des motards, la narratrice a pu communiquer, grâce à la musique et aux mots, avec ces êtres qui lui semblaient si éloignés de son monde et de ses valeurs. Elle a appris à les connaître en les écoutant et en dépassant ses premiers préjugés.

F Dans ce récit, la musique a un rôle déclencheur qui bouleverse la narration : le lecteur s'attend à une scène de violence et l'élément musical fait évoluer la situation de façon totalement inattendue.

Avant d'aborder un débat sur la place de la musique dans la vie des étudiants, le professeur pourra faire créer des listes de mots facilitant les échanges successifs : les différents genres de musique (l'opéra, le jazz, les fanfares municipales...), les instruments (le piano, la guitare, le violon...), les sons et les rythmes (fort, aigu, déchaîné, mélodieux, vif, soutenu, lancinant...), les moments et les lieux dédiés à la musique (le soir, le matin, la nuit... l'église, la discothèque, la chambre, la rue, le métro...).

6. Rédiger une critique de film ou de livre

p. 94

A 1. Une critique de film.
2. L'intention est d'informer le lecteur : le nom des personnages (Jack Baker), le résumé de l'histoire, le lieu où se déroule le film, le titre du roman dont est tiré le film (*La tête coupable*), la durée du film (1 h 30), le nom du réalisateur (Frédéric Blum), le nom des acteurs, du scénariste, des techniciens du son et de l'image...
3. À Tahiti.
4. Il doit écrire une biographie de Gauguin.
5. Le thème du film est une réflexion sur le vrai et le faux, sur la réalité et l'illusion.
6. Non (*film raté, les dialogues sonnent faux*).

B 1. Oui.
2. Oui.
3. Non.
4. Non (*les dialogues sonnent faux*).
5. Non (*le metteur en scène ne montre que des paysages de cartes postales*).

Note :
– *Faux-jetons et faux-coupables s'amusent aux faux-semblants :* menteurs et innocents créent de fausses situations.

p. 95

C 1er paragraphe : a et g.
2e paragraphe : i et f.
3e paragraphe : k, h, j et d.

D Propositions :
1. Les images sont réalistes.
2. C'est un film réussi.
3. Les dialogues sonnent très juste.
4. Le film possède un bon rythme et on ne voit pas le temps passer.
5. La mise en scène est extraordinaire, pleine de trouvailles et d'un rythme soutenu.
6. C'est d'une intelligence remarquable.

Savoir-faire

Proposition de réponse :
La Cérémonie, de Claude Chabrol (1995).
Il s'agit d'un film où, au début, il ne se passe rien, ou pas grand-chose. Une élégante bourgeoise engage une bonne pour entretenir sa maison familiale près de Saint-Malo. La bonne, c'est Sophie, domestique idéale mais personnalité trouble. Que cache Sophie ? Une biographie chargée, l'analphabétisme… Quant à la famille, ce sont des gens trop lisses pour être honnêtes… Sophie se fait une copine : Jeanne, la postière qui va lui expliquer qu'elle est exploitée… Et puis… C'est tout.
Chabrol est un réalisateur dont l'ironie peut aller jusqu'à la cruauté dans l'observation de la nature humaine. Déjà, dans *Que la bête meure, Le Boucher, Les Noces rouges,* la satire sociale et surtout l'analyse des caractères prédominaient. Dans ce film où il ne se passe « presque » rien concernant la progression dramatique, l'émotion est toujours présente, grâce à Sophie, ses malheurs, sa peur panique. C'est aussi un film qui parle de fracture sociale.
Il s'agit d'une œuvre qui dépasse les conventions, les clichés. Entre les personnages, il existe un goufre délicieusement épouvantable.
Chabrol sait s'attarder sur les caractères en particulier sur Sophie et Jeanne, interprétées à la perfection par Sandrine Bonnaire et Isabelle Huppert. Rentrée en force donc pour Chabrol avec cet impeccable cocktail de mise en scène pure et de satire sociale.

Repères

p. 96

A 1. Des copistes.
2. Ne pas dépasser trois mois pour réaliser une copie, ne pas faire sortir les originaux des musées, laisser la copie en cours de réalisation à l'intérieur du musée.
3. M. Delamare est un propriétaire de galerie de peinture, il vend des copies mais qui sont uniques, réalisées par des artistes : les copies vendues sont contrôlées par des huissiers. Il est installé avenue Matignon à Paris.
4. Il y a 3 types d'acheteurs : ceux qui veulent tromper leur entourage en faisant croire que les copies sont des tableaux authentiques ; ceux qui veulent exposer la copie d'un tableau qu'ils gardent à la banque ; ceux qui ont envie de posséder une belle toile sur leurs murs.
5. Il refuse de copier *La Joconde* car il estime qu'il existe déjà trop de copies.
6. Réponses possibles : *pour* (plaisir de posséder la copie d'un chef-d'œuvre, coût abordable, rêve accessible), *contre* (unicité de l'œuvre, inutilité de la copie).

Notes :
– *Outre-mer :* au-delà des océans, allusion aux voyages que Gauguin fit à Tahiti.
– *Dürer :* peintre et graveur allemand (1471-1528).
– *Délivrer au compte-gouttes :* accorder très peu d'autorisations.
– *Local dûment surveillé :* très surveillé.
– *Un superbe petit Lautrec :* un tableau de petite dimension du peintre Toulouse-Lautrec.
– *Toulouse-Lautrec (1864-1901) :* dessinateur, peintre et affichiste. Célèbre pour ses portraits féminins réalistes, il trouva son inspiration dans le monde des champs de courses et de la prostitution (*Femme qui tire son bas, Au bal du moulin de la Galette*).
– *Livry-Gargan :* ville de la banlieue parisienne (Seine-Saint-Denis).
– *À vos palettes :* la palette est une planche qui permet au peintre de mélanger ses couleurs ; l'expression signifie donc « au travail ».

B Giorgione (1477-1510), peintre vénitien auteur de *La Tempête,* Titien (1490-1576) peintre vénitien auteur de *L'Amour sacré,* Manet (1832-1883), peintre français auteur de *Le déjeuner sur l'herbe,* Gauguin (1848-1903) peintre français, auteur de *Le Christ jaune.*

p. 97

C

Courants artistiques	peintres	tableaux
Classicisme	N. Poussin (1594)	*Orphée et Eurydice*
Néo-classicisme	L. David (1748)	*Le Sacre de Napoléon*
Romantisme	E. Delacroix (1798)	*Dante et Virgile aux enfers*
Impressionnisme	Cl. Monet	*Les nymphéas*
Expressionnisme	G. Rouault (1871)	*Clown tragique*
Cubisme	G. Braque (1882)	*Le violon*
Surréalisme	R. Magritte (1898)	*La mémoire*

(Les dates indiquées entre parenthèses se réfèrent à l'année de naissance du peintre).

Notes :

– *Le Classicisme :* terme qui, dans un sens restreint, s'applique à la période de la littérature et de l'art français correspondant au règne de Louis XIV. Dans un sens plus large, le Classicisme définit un idéal esthétique de rigueur et de mesure partagé par de nombreux artistes et écrivains français et étrangers au-delà du xviie siècle.
Les théoriciens distinguent, pour l'architecture, la peinture et la sculpture, deux classicismes français, alors que la musique est comprise dans le vaste mouvement de la musique baroque. Les œuvres témoignant de ce courant sont les tableaux de N. Poussin, C. Lorrain, les Frères Le Nain… puis l'architecture du château de Versailles (règne de Louis XIV).

– *Le Néo-classicisme :* mouvement artistique né en réaction contre les excès du style rococo dans la seconde moitié du xviiie siècle. Ce mouvement témoigne du passage de l'esprit brillant et léger du xviiie s. à la morale austère de la période révolutionnaire. Il puise son style et ses thèmes dans l'Antiquité gréco-romaine mais aussi chez les classiques tels que Poussin. La peinture est dominée en France par David et son atelier : Ingres, Gros…

– *Le Romantisme :* mouvement culturel et artistique qui, d'abord apparu en Grande-Bretagne et en Allemagne, s'est répandu ensuite dans le reste de l'Europe à la fin du xviiie et au début du xixe siècle. Ce fut avant tout l'expression individuelle de l'artiste, par opposition aux règles du classicisme qui visait l'universel. L'art romantique fut aussi l'art du mouvement et de la couleur, comme en témoigne l'œuvre de Delacroix, chef de file de ce mouvement artistique. Autres peintres romantiques : Géricault, Goya, C.D. Friedrich, Füssli, Turner, Constable.

– *L'Impressionnisme :* mouvement artistique apparu en France dans les années 1860-1865. Prenant exemple sur Manet dont *Le déjeuner sur l'herbe* fit scandale au Salon des Refusés de 1863, Monet, Pissaro, Sisley s'opposèrent aux normes officielles et, avec une vingtaine d'autres peintres comme Renoir, Cézanne, Degas… formèrent une « société anonyme » qui exposa 165 toiles en 1874 à Paris.

– *L'Expressionnisme :* mouvement artistique qui se développe en Allemagne à partir de 1905, en même temps que le fauvisme en France. Ce mouvement exalte les sentiments de l'artiste, sa « colère existentialiste sauvage » (Nietzsche) et sa réflexion tragique sur l'univers. L'expressionnisme est marqué par l'œuvre de Van Gogh, Gauguin, Munch…

– *Le Cubisme :* mouvement artistique qui s'est développé en France en réaction, d'une part à la sensualité exacerbée des expressionnistes et d'autre part à la vision trop superficielle des impressionnistes. Picasso et Georges Braque notamment, recherchèrent un nouveau mode d'expression picturale. Le répertoire du cubisme consiste en une décomposition des formes en de multiples « petits cubes » et en une réduction des couleurs à un camaïeu sobre de gris, de bleu, de beige et de marron.

– *Le Surréalisme :* mouvement littéraire et artistique du xxe siècle qui s'appuie sur un discours théorique qui bénéficie des apports de la psychanalyse freudienne en même temps qu'il appelle à la révolution. L'existence du surréalisme est indissociable de la vie d'André Breton qui dirigea les orientations du groupe. Ce mouvement s'est donné pour but de libérer l'homme d'une civilisation trop contraignante, de certaines valeurs morales de la culture occidentale. Principaux peintres surréalistes : Magritte, Miró, Ernst, De Chirico…

D xvie siècle : Henri IV, Ronsard, Rabelais…
xviiie siècle : Louis XV, Voltaire, Montesquieu, Diderot…
xixe siècle : Chateaubriand, Hugo, Balzac, Stendhal, Flaubert…

E Réponses données.

Mots-clés

p. 98

Faire lire la rubrique avant d'engager un débat sur le rôle de la culture tout en établissant des rapports ou des différences avec la France.
Le professeur fera remarquer que, si les Français sont de plus en plus attachés à la culture, cela se traduit surtout par une plus grande fréquentation des musées, des expositions, des festivals. La lecture, en revanche, recule (à l'exception des magazines). De même, le cinéma est fortement concurrencé par la vidéo.

7. Quelques homophones grammaticaux

A 1. es / 2. et, est / 3. ai / 4. est, et / 5 es, est / 6. est, et, est / 7. ai.

p. 99

B 1. où / 2. ou / 3. où / 4. où / 5. ou / 6. où / 7. où.

C 1. dû / 2. due / 3. dû / 4. dû / 5. du.

D 1. sûr / 2. sur / 3. sûr / 4. sûr / 5. sûre / 6. sur.

E *Cf.* transcription, page 197.

SÉQUENCE 3

MESSAGE REÇU

Cette séquence a pour thème la communication au sens large : il sera question de la télévision, du téléphone et des répondeurs téléphoniques ; de la communication non verbale, de l'information traitée à travers les médias…
La séquence est introduite par une bande dessinée humoristique extraite de l'album : *Drôles de messages*, réalisé par le ministère des Postes et Télécommunications en 1991.

Exercice A

p. 100

1. Simone et Maurice semblent être issus d'un milieu assez modeste.

2. a. Dans les dessins :
le mobilier a l'air très simple (un canapé, un cendrier sur pied, une statuette de la Sainte Vierge sur la télévision… Il n'y a pas de beaux meubles, ni de beaux tableaux aux murs du salon).
Simone porte des bigoudis sur la tête (dans les milieux plus aisés, on se rend chez le coiffeur).

Maurice porte des charentaises, pantoufles chaudes et confortables que l'on porte encore plutôt dans les campagnes.

b. Dans le comportement des personnages :

comme chaque soir probablement, ils regardent la télévision et Simone tricote. Leur vie a l'air bien réglée et très calme. Ils ne semblent pas avoir l'habitude de sortir pour aller au cinéma, aux spectacles… pour avoir des activités plus « culturelles ».

Maurice critique le programme de ce soir, mais n'envisage pas d'autres occupations. Il reste néanmoins devant la télévision.

c. Dans les dialogues :

« …*Je finis mon rang* » : Simone semble accorder une grande importance à ses travaux. Elle ne veut pas abandonner son tricot une minute pour répondre au téléphone.

« *Ils vont finir par me faire rater le loto sportif avec leurs niaiseries* » : Maurice regrette de devoir choisir entre cette émission (qu'il trouve pourtant tellement stupide…) et le loto sportif, autre émission (loterie qui consiste à faire des pronostics sur les prochains résultats des matches de football pour gagner de l'argent) tout aussi stupide. Il semble très en colère contre les producteurs de l'émission qu'il est en train de regarder, parce qu'ils vont l'empêcher de suivre les résultats du loto sportif.

3. c. Un jeu : il s'agit de découvrir un « personnage mystère ».

4. Maurice critique durement l'émission qu'il est en train de regarder (« *c'est tout ce qu'il y a ce soir ?* », « *ils sont vraiment nuls… * », « *quand je pense qu'il y a un mec qui va engranger un milliard…* », « *c'est vraiment débile…* », alors qu'en réalité il participe au jeu proposé, il essaie de répondre aux questions et rêve même d'être appelé un jour prochain pour pouvoir participer en direct au jeu. En fait, il n'ose pas avouer qu'il prend du plaisir à suivre cette émission qui est peu intellectuelle.

5. Maurice est très fier d'avoir acquis un répondeur téléphonique, car il peut ne pas être dérangé pendant sa soirée devant la télévision.

Ici, le professeur pourra faire deux groupes dans la classe : les *pour* les répondeurs téléphoniques et les *contre*. Les *pour* seront invités à dresser une liste des avantages du répondeur, les *contre* devront lister les aspects négatifs de ces appareils. Après discussion au sein de chaque groupe, chacun exposera ses idées et essaiera de convaincre les membres de l'autre groupe.

6. Éléments humoristiques de cette BD :

a. dans le déroulement de l'histoire :

Bien sûr, le fait que Maurice soit très fier de son répondeur téléphonique et qu'il en abuse, alors qu'il passe à côté d'une somme considérable est très comique. En plus, il se félicite de sa nouvelle acquisition quand il dit à sa femme que même si elle n'était pas d'accord au départ sur l'achat du répondeur, elle devrait maintenant apprécier de pouvoir regarder tranquillement la télévision…

Simone et Maurice, bien qu'ils ne le disent pas franchement, semblent attendre en secret que Fabien Bonheur les appelle un jour pour leur faire gagner le milliard de francs. Malheureusement, c'est au moment où Maurice décide de changer de chaîne que Fabien Bonheur compose son numéro, mais personne ne répondra…

b. dans les attitudes des personnages :

L'un et l'autre ont l'air d'avoir leurs habitudes bien ancrées. Ils regardent la télévision et sont très attentifs aux questions posées par l'animateur.

Simone tricote en même temps ; elle frotte l'aiguille à tricoter dans ses cheveux, geste qui semble devenu machinal.

c. dans les dialogues :

« *Ils sont vraiment nuls ! En tout cas, ils pourraient bien nous appeler un jour !* ». Maurice critique l'émission – *nuls* signifiant : vraiment stupides – mais paradoxalement, il souhaite être appelé un jour pour gagner l'argent promis par l'animateur.

« *Quand je pense… Louis XVI* » – « *C'est pas Louis XVI, c'est Napoléon* » : la question posée par l'animateur est vraiment très simple et, pour un Français la réponse devrait être évidente. Maurice dit qu'il est dommage que quelqu'un puisse gagner autant d'argent pour une réponse aussi facile, alors que lui-même fournit une mauvaise réponse. Cela donne un effet comique et prouve en même temps que Maurice n'a pas fait de longues études. Quant à Simone, elle donne la bonne réponse, ce qui montre qu'elle est intéressée par ce jeu qui est pourtant assez stupide et d'un niveau intellectuel guère élevé.

« *Le pire, c'est que les gens restent vissés devant des âneries pareilles !* » : il critique durement les gens qui restent immobiles devant leur poste de télévision à regarder des émissions stupides ; or il est en train de faire exactement la même chose…

d. dans les images :

– La présence du chien qui semble aussi attentif que ses maîtres à l'émission qui passe à la télévision.

– Les bigoudis sur la tête de Simone.

– Les charentaises de Maurice.

– Le magazine que Maurice feuillette : *Télé Maison*. Cet homme ne donne pas l'impression de lire beaucoup d'ordinaire ; or il regarde de près, semble-t-il, ce magazine qui ne parle que des programmes de télévision… Cela est certainement sa seule lecture quotidienne.

Exercice B

p. 102

Cet exercice se fera oralement.

On pourrait aussi imaginer ceci : Simone répond au téléphone et discute longuement avec sa mère. Pendant ce temps, Fabien Bonheur essaie d'appeler chez Simone et Maurice et il déclare à l'antenne qu'il a tenté de faire remporter le milliard de francs à M. et Mme Maurice François, mais que malheureusement, la ligne étant toujours occupée, il allait tirer au sort un autre numéro de téléphone. Maurice, devant son écran, entend cela, mais tout est trop tard et une violente dispute éclate entre les époux…

On laissera parler l'imagination des étudiants, qui pourront, individuellement, par groupes, ou collectivement, construire la suite de cette histoire.

Exercice C

Proposition de dialogue :

Maurice : Ah mais, reste donc tranquille cinq minutes !

Simone : Mais écoute, on sait jamais, et si c'était Fabien Bonheur ?

Maurice : Ça va pas non ? Tu ne vas quand même pas te mettre à croire à des bêtises pareilles ! Et puis, arrête un peu de parler, je veux écouter le loto sportif.

Simone : Oui mais…

Maurice : Tais-toi, je te dis, tu vas me faire tout rater ! Je peux jamais regarder la télé tranquillement !

On sonne à la porte. Les voisins arrivent ; Simone ouvre la porte…

Madame Fontaine : Mais vous êtes là ! Pourquoi n'avez-vous pas répondu ? Mais non, c'est pas possible ! Quel malheur !

Maurice (*arrivant près de la porte d'entrée*) : Qu'est-ce que c'est que tout ce bruit ? Quelque chose ne va pas ?

Simone : Chéri, c'est incroyable, je te l'avais dit pourtant…

Maurice : Mais quoi ?

Monsieur Fontaine : Ils vous ont appelés pour le « personnage mystère »…

Repères

p. 103

A A5 – B3 – C6 – D4 – E2 – F8 – G1 – H7.

Notes :

– « *Je m'en fiche* » (A) : expression familière qui signifie « Ça m'est égal, je m'en moque ».

– « *Le dernier CD de Cabrel* » (G) : le sigle CD (compact disc) désigne les disques compacts. Francis Cabrel est un chanteur français qui compose lui-même ses chansons et s'accompagne à la guitare.

Intention des gestes :

A5. La main en arrière signifie : « Ça m'est égal ».

B3. Le revers de la main sur la joue signifie : « C'est ennuyeux ».

C6. Deux amis s'embrassent pour prendre contact comme on le fait quotidiennement en France (2, 3 ou 4 bises selon les régions).

D4. Les deux bras levés énergiquement au-dessus de la tête pour exprimer la joie.

E2. Une main montre le danger, l'autre tente de protéger l'enfant.

F8. La main droite tape le dessus du poignet gauche et les doigts de la main gauche sont tendus et légèrement dirigés vers le haut pour signifier : « On part ».

G1. Le pouce levé à la verticale signifie : « C'est formidable ! ».

H7. L'index qui semble vouloir tirer l'œil vers le bas signifie : « Je ne crois pas à cela ».

1. Ce, ceci, cela…

p. 104

A a. **cela** (pronom suivi d'un verbe)

B « J'aime beaucoup **les romans (les livres…)** que cet auteur écrit. »

« C'est vrai qu'il a une bonne plume. Vous avez lu **les critiques (les articles)** qu'ont écrit(e)s les journalistes à propos de son dernier roman ? »

C Note :

– *On se prend un thé* : cette structure assez populaire signifie « On prend un thé ensemble ».

p. 105

1. **C'**est une femme merveilleuse.

2. La télé, **ça** m'énerve de plus en plus !

3. Rappelle-toi **ceci** : être en bonne santé est essentiel.

4. Je ne suis pas d'accord avec **ce** que vous dites !

5. **Cela** m'a vraiment intéressé.

6. Ne t'inquiète pas, **ce** n'est pas grave, **ça** ne fait rien !

7. **C'**était au XIXe siècle.

8. **C'**est un gourmet, il aime **ce** qui est bon !

D Propositions de réponses :

1. **Les activités** qu'elle fait sont assez dangereuses.

2. Je ne comprends pas **ce point de grammaire** que le prof a expliqué hier.

3. **Les événements** dont ils ont parlé à la télé m'ont fait peur.

4. Les enfants aiment surtout **les nourritures** qui sont sucrées.

5. Tu sais **la qualité** que je préfère chez toi, c'est ta discrétion.

6. **Le cadeau** dont il a le plus envie pour son anniversaire : un ordinateur !

E 1. **Ce** qu'elle fait **est** assez danger**eux**.

2. Je ne comprends pas **ce** que le prof a expliqué hier.

3. **Ce** dont ils ont parlé à la télé m'**a** fait peur.

4. Les enfants aiment surtout **ce** qui **est** sucré.

5. Tu sais **ce** que je préfère chez toi, c'est ta discrétion.

6. **Ce** dont il a le plus envie pour son anniversaire : un ordinateur !

2. La formation du conditionnel

A

Le conditionnel présent : formation
Il se forme comme le **futur** simple mais avec les terminaisons de **l'imparfait** (**ais**, ais, **ait**, **ions**, iez, aient)

p. 106

B 1. – Qu'est-ce que tu **aimerais** avoir pour Noël ?

– Je **voudrais** un circuit électrique et des voitures de course.

2. – J'**irais** bien à la mer dimanche ; pas toi ?

– Non, moi je **resterais** plutôt à la maison avec un bon bouquin.

3. – Nous **serions** ravis de vous inviter à dîner samedi soir.

– Nous **dînerions** volontiers avec vous, mais samedi nous ne sommes pas libres.

4. – J'**aurais** envie de sauter en parachute, mais j'ai un peu peur…

– Tu **devrais** essayer, c'est formidable !

3. Demander, proposer, souhaiter

A

	1	2	3	4	5	6	7	8
demander poliment		X			X			
proposer			X				X	X
exprimer un souhait	X			X		X		

B Propositions de réponses :

1. Comme je voudrais avoir du soleil !

2. Pourriez-vous m'expliquer encore une fois, s'il vous plaît ?

3. J'aimerais bien regarder un bon film, puis aller me coucher.

4. Est-ce que je pourrais avoir la carte et un martini blanc ?

5. Ça te dirait de marcher un peu sur les quais de la Seine ?

p. 107

C Propositions de réponses :

Le professeur expliquera aux élèves qu'ils doivent trouver le maximum de formules possibles pour exprimer ce qui est demandé. Cette liste est très ouverte et ce qui est proposé ci-après ne l'est qu'à titre indicatif.

Demander poliment
Serait-il possible d'obtenir son adresse ? Pourriez-vous m'indiquer la rue d'Assas ? Ce serait gentil de m'aider.

Proposer
Ça te ferait plaisir un dimanche au bord de la mer ? Venez donc dîner à la maison ! Vous ne voudriez pas venir avec nous dimanche ? Tu veux un petit verre de vin ? Si on partait tous les deux ?

Exprimer un souhait
Ça me plairait de voyager avec toi. Comme j'aimerais retourner en Grèce… Je voudrais bien revoir ces gens.

D Propositions de réponses :

1. Pourriez-vous m'aider, monsieur, mes valises sont si lourdes…

ou Ce serait gentil à vous de m'aider, monsieur.

2. Comme j'aimerais pouvoir partir en vacances au soleil…

ou Ça me plairait vraiment de pouvoir partir en vacances…

3. Venez donc dîner à la maison ce soir !

ou Si vous veniez dîner ce soir !

4. Pourriez-vous m'indiquer un hôtel confortable dans le quartier, s'il vous plaît ?

5. Est-ce qu'il vous serait possible de m'accorder une augmentation ? Mon travail a beaucoup évolué depuis quelques mois.

ou Est-ce que je pourrais avoir une augmentation de salaire, s'il vous plaît monsieur ? J'ai plus de responsabilités qu'il y a quelques mois.

6. Moi, j'aimerais vraiment passer un an à l'étranger pour poursuivre mes études…

ou Ce que j'aimerais, c'est pouvoir travailler rapidement dans une entreprise.

7. Ça vous ferait plaisir de prendre un verre avec moi ?

Prenons donc un verre ensemble !

ou Je vous offre un verre.

4. Rapporter un discours

1. a. Mme Dubois **dit** qu'elle aime la télé car un enfant avec la télé **c'est** plus facile à gérer[1] qu'un enfant sans télé.

b. Mme Dubois **a dit** qu'elle aimait la télé parce qu'un enfant avec la télé, **c'était** plus facile à gérer qu'un enfant sans télé.

2. a. M. Girardeau **affirme** qu'il **a** longtemps **cru** que la télé était la pire ennemie de la lecture mais qu'il n'en est plus aussi sûr maintenant.

b. M. Girardeau **a affirmé** qu'il **avait** longtemps **cru** que la télé était la pire ennemie de la lecture mais qu'il n'en était plus aussi sûr maintenant.

3. a. M. Crosnier **croit** que l'Éducation nationale **souhaite** mettre fin à la vieille querelle entre l'écrit et l'audiovisuel.

b. M. Crosnier **a cru** que l'Éducation nationale **souhaitait** mettre fin à la vieille querelle entre l'écrit et l'audiovisuel.

4. a. M. Cavada **déclare** que la chaîne de la connaissance **devra** expliquer le pourquoi des choses, mais qu'on n'y **utilisera** pas de mots compliqués.

b. M. Cavada **a déclaré** que la chaîne de la connaissance[2] **devrait** expliquer le pourquoi des choses, mais qu'on n'y **utiliserait** pas de mots compliqués.

Notes :

1. Cette phrase signifie qu'il est plus facile de s'occuper d'un enfant quand on possède un téléviseur que quand on n'en a pas. L'enfant va donc regarder passivement la télévision et les parents seront tranquilles pour faire autre chose. Autrement dit, pour certains, la télévision semble remplacer les conversations, les jeux ou les activités que l'on pourrait avoir avec son enfant.

2. La 5ᵉ chaîne de télévision est une chaîne culturelle qui propose des émissions éducatives.

p. 108 **B** On peut remarquer que, lorsque le verbe de la principale est au passé, le temps des verbes de la subordonnée change : le présent devient imparfait (phrases 1 et 3), le passé composé devient plus-que-parfait (phrase 2) et les verbes au futur simple passent au conditionnel présent (phrase 4).

C 1. Le ministre **a annoncé** qu'il ne **serait** pas candidat aux élections présidentielles.

2. Le professeur **expliquait** qu'il **fallait** absolument travailler un peu chaque jour.

3. Tu m'**avais dit** qu'il **était parti** mais qu'il te téléphonerait.

4. Elle m'**a répondu** sèchement qu'elle ne le **ferait** pas, que ce n'**était** pas son travail.

5. Il me **racontait** qu'elle l'**avait regardé**, lui **avait souri**, puis qu'elle **était partie**...

6. Le journaliste **a déclaré** que les gangsters **couraient** toujours, que la police n'**avait** pas **réussi** à les arrêter.

7. Christine et Jean-Michel **ont affirmé** qu'ils **se marieraient** et qu'ils **auraient** trois enfants.

8. Il **avait déclaré** qu'il y **aurait** 10 % de chômeurs en moins.

D **Notes :**

Dans cet enregistrement, on peut écouter la réaction de quelques journalistes de presse écrite à l'annonce de la non-candidature de Jacques Delors à l'élection présidentielle de 1995. Des extraits des articles que chacun d'entre eux a écrit dans son journal sont rapportés ici, à la radio, par un présentateur.

Jacques Delors, né en 1925, est entré dans le monde politique dès 1945. Il a une formation en sciences économiques et dans le secteur bancaire. Il a été ministre de l'Économie et des Finances de 1981 à 1984. Il est député européen depuis 1979 et, de 1985 à décembre 1994, il fut Président de la Commission Européenne à Bruxelles. Il est le père de Martine Aubry qui fut ministre du Travail de 1988 à 1993.

Christophe Lamfalussy de *La Libre Belgique* a déclaré que M. Delors **manquerait** à la France, privée d'un grand débat sur l'Europe. Il a dit qu'il **représenterait** surtout un vide pour l'Europe.

Bernardo Valli de *La Republica* a écrit que Delors **avait ramené** la gauche française à la réalité nue... Il a aussi affirmé qu'il **était** un « ingénieur social », qu'il **pouvait** réformer la société, mais n'**avait** pas les moyens de créer les conditions pour le faire. Il a conclu en disant que M. Delors **avait représenté** le rêve irréalisable de beaucoup de Français.

Marc Jézégabel de *Info Matin* a annoncé que la politique **était** un combat et que Jacques Delors l'**avait prouvé** à Bruxelles. Il a dit enfin que renoncer avant d'essayer **était** aussi une forme dangereuse de découragement politique.

Alain Duhamel d'*Europe 1* a déclaré qu'il y **avait** en France, une nouveauté phénoménale derrière ce retrait de Jacques Delors. Il a ajouté que ce retrait **signifiait** que la politique n'**était** peut-être pas l'essentiel, et que la présidence de la République n'**était** peut-être pas aussi importante qu'on le **croyait**.

p. 109 **E** *Téléphobe ou télémaniaque ? Pas si simple... et pour tenter de voir plus clair dans nos rapports avec la télévision, j'ai interviewé quelques Parisiens. Nicole, 39 ans, m'a expliqué qu'elle était plutôt contre la télévision, puisqu'elle pouvait voir tout type de spectacles à Paris. Elle m'a dit que tout était sous sa fenêtre et qu'elle trouvait plus excitant de vivre l'ambiance des spectacles en « live ». Elle a affirmé qu'elle ne voulait pas subir le petit écran, et qu'elle ne regardait la télé que si elle voulait voir un débat ou alors un film qu'elle avait manqué au cinéma.*

Quant à Corine, 29 ans, elle m'a avoué que, une fois par mois, quand son ami n'était pas là, elle adorait rester au lit et regarder la télévision toute la journée. Elle a admis qu'elle était complètement passive, mais a expliqué que cette « méthode » l'aidait à se relaxer.

5. Le courrier des lecteurs

A 1. vrai – 2. faux – 3. faux – 4. vrai – 5. faux.

Note :

Arte est une chaîne de télévision franco-allemande à vocation culturelle. Elle diffuse de nombreux films en version originale et propose des soirées thématiques.

p. 110 **B** Remarque : les différents segments proposés ici ne suivent pas l'ordre de la lettre. Le professeur demandera aux élèves de retrouver le bon ordre, ce qui donnera : **1b – 4c – 5a – 2b – 3a – 6c.**

1. *Dans votre numéro 2231, M. Pichon...*
   b. Rappelle des références.
2. *Nous nous désolons de son manque d'audience.*
   b. Exprime un regret.
3. *On aime bien Arte, mais... Si on aime bien Arte, c'est parce qu'on préfère voir...*
   a. Expose ses arguments.
4. *C'est tout à fait juste à mon avis...*
   c. Donne son avis sur un précédent courrier.
5. *Nous aussi nous aimons bien Arte.*
   a. Explique le motif de sa lettre.
6. *Un plaisir rare qui, s'il devait disparaître verrait le poste disparaître avec lui.*
   b. Formule une hypothèse.

C *Dans votre numéro 1542, j'ai lu avec stupeur la lettre de Mme Moreau de Niort. Pour elle, « Léon » n'est qu'un film vulgaire et sans intérêt. Je tiens à vous dire, chère Madame, que je ne suis pas du tout d'accord et que je souhaiterais même voir plus de films de ce genre. Oui, « Léon » est un film populaire, mais l'important, n'est-ce pas l'émotion ? En effet, cela faisait bien longtemps que je n'avais pas été ému comme ça au cinéma et je dis : « merci M. Besson ! » Les directeurs de chaînes devraient programmer moins de films d'auteurs pour penser plus à l'émotion. Alors, à bas le snobisme et vive le cinéma !*

Éric Fontaine, Paris.

Savoir-faire

Notes :

– *Un parchemin (ligne 8) :* autrefois, un parchemin désignait un document écrit officiel. De nos jours et familièrement, ce terme désigne un diplôme universitaire. Ici, l'auteur de la lettre est ironique et amer et veut dire que, en dépit de sa valeur, son doctorat ne lui a été d'aucune nécessité.

– *Le RMI (ligne 9) :* ce Revenu Minimum d'Insertion a été instauré à la fin de l'année 1988. Il est destiné à toutes les personnes de 25 ans et plus qui se retrouvent sans ressource à un moment de leur vie. En 1995, le RMI s'élève à environ 2 200 francs par mois.

– *SDF (ligne 10) :* ce sigle, très utilisé par les médias français, désigne un nouveau problème social des années 90. En effet, on compte de plus en plus de chômeurs avec de très faibles revenus ou même sans revenu qui sont Sans Domicile Fixe. Les foyers d'accueil ne contenant pas assez de place pour tous les recevoir, beaucoup d'entre eux sont dans la rue en attendant de trouver un emploi et un toit.

– *On truque, on broie... (dernière phrase) :* Le « on » désigne ici les personnes qui ont le pouvoir de faire changer les choses, c'est-à-dire les membres du gouvernement français. L'auteur de la lettre veut dire que les hommes politiques trichent, promettent toujours des améliorations, de nouvelles mesures pour aider les gens les plus démunis, mais qu'en réalité, tout le monde se désintéresse de la situation.

Proposition de lettre :

J'ai été bouleversé en lisant la lettre de SH de Boulogne, parue dans votre numéro 1224 du mois de février. Je suis indigné par la situation dans laquelle cette personne se trouve et je m'associe tout à fait à sa révolte. Je ne peux comprendre l'inertie des gens qui nous gouvernent et permettez-moi d'exprimer ici ma colère. Comment accepter qu'en 1994, des personnes diplômées, intelligentes et dignes se retrouvent sans travail ni logement ? Par ailleurs, comment ne pas regretter que des compagnies d'assurance puissent profiter de la pauvreté matérielle de certains ? Il faut absolument que cela cesse ! Il me semble que si l'on réussit, ensemble, à faire réagir les pouvoirs locaux, bien des choses pourront changer par la suite au niveau national. Alors, je vous en prie, nous qui avons un toit pour abriter notre famille, unissons-nous sans plus attendre et luttons ! Si nous pouvions sauver de la rue ne serait-ce qu'un petit nombre de personnes, ne serions-nous pas fiers ?

M. Foult. 69 Saint-Priest.

Repères

p. 111 **A** 1. C'est un nouveau type d'émission télévisée qui consiste à reconstituer des accidents, rechercher en direct des personnes disparues ou encore suivre des couples en crise venus s'expliquer devant des millions de personnes. Leur but est d'agir sur les émotions des téléspectateurs.

2. La réalisation de ces émissions est bon marché et le public les adore.

3. Le phénomène n'est pas typiquement français ; il vient des États-Unis et bon nombre de pays proposent de telles émissions.

4. Il semble que les gens aient besoin de s'identifier afin de retrouver des repères quelque peu perdus en cette ère pleine d'innovations. Ils se reconnaissent alors dans ces personnes venues raconter leur vie à la télévision et se sentent alors rassurés.

p. 113 **Note :**
Le document du haut de la page est une publicité pour la télévision câblée. Le titre contient un jeu de mots : une autre vision de la télé(vision) pour insister sur le fait que cette télé propose des choses que l'on n'a pas l'habitude de voir (choix diversifié, chaînes spécialisées...).

6. Quelques homophones lexicaux

A a. Homophones : mots qui se prononcent de façon identique, mais qui ont un sens différent.

p. 114 **B** 1. Une basilique (église chrétienne du haut Moyen Âge) ;
plante aromatique employée en cuisine : **le basilic.**

2. Un golfe (bassin que forme la mer dans son avancée à l'intérieur des terres) ;
sport : **le golf.**

3. Un parti (groupe de personnes défendant la même opinion) ;
morceau : **une partie.**

4. Un prêt (action de prêter quelque chose) ;
terrain produisant de l'herbe : **un pré** ;
contraire de loin : **près**.

5. Un coup (mouvement par lequel un corps
vient en heurter un autre ; coup de pied / de
poing) ;
partie du corps : **le cou** ;
prix : **le coût**.

6. Un seau (récipient cylindrique muni d'une
anse servant à transporter diverses matières) ;
stupide : **sot** ;
il faut en faire un pour s'élever : **un saut**.

7. L'air (fluide gazeux qui constitue l'atmos-
phère et que respirent les êtres vivants) ;
époque déterminée : **une ère** ;
surface : **une aire**.

8. La mère (femme qui a mis au monde un ou
plusieurs enfants) ;
étendue d'eau : **la mer** ;
il dirige la ville : **le maire**.

C 1. Un objectif : **un but** ;
une colline : **une butte**.

2. Une couleur : **vert** ;
un récipient : **un verre** ;
un petit animal : **un ver**.

3. Une promenade : **une balade** ;
une chanson ou petit poème : **une ballade**.

4. Les bateaux y séjournent : **le port** ;
un animal de la ferme : **le porc** ;
un minuscule orifice dans la peau : **un pore**.

D Suggestions :

Si les étudiants ne trouvent pas ou peu
d'homonymes, on pourra leur proposer de
travailler sur les couples suivants et les inviter à
élaborer les définitions.

père / paire	fin / faim	où / houx
cane / canne	pain / pin	lait / laid
ancre / encre	teint / thym	cour / cours

SÉQUENCE 4

L'AMITIÉ, UNE VALEUR SÛRE

p. 115

Cette séquence est introduite par un texte extrait
de *Les Clés de l'actualité*, journal hebdomadaire
d'information pour les adolescents.

Notes :

– « *L'homme ne vit pas que de pain* » : cela fait allusion
à la religion catholique, dans laquelle la nourriture
terrestre symbolisée par le pain et le vin n'est pas dis-
sociable de la nourriture « spirituelle » (symbolisée
par la foi et la prière). Cela signifie donc que l'homme
doit non seulement nourrir son corps, mais aussi son
esprit (éprouver des sentiments tels que l'amitié).

– *Cicéron* (2ᵉ colonne, ligne 12) : homme politique et
orateur latin (106-43 av. J.-C.). Homme politique
médiocre et infiniment vaniteux, il alla constamment
d'un parti à l'autre, désirant toujours être du parti

du juste milieu et toujours à la remorque d'un
homme politique. Il a porté l'éloquence latine à son
apogée dans ses plaidoyers et dans ses harangues
politiques. La composition de ses discours a servi de
modèle à toute la rhétorique latine et ses traités
philosophiques nous aident à comprendre la philosophie ancienne.

– *Sortir de sa coquille* (3ᵉ colonne, ligne 8) : cette expression signifie que, tel un coquillage bien enfoui dans
sa coquille et donc à l'abri de tout risque, l'homme
doit, s'il veut faire des rencontres, oser sortir de sa
réserve, de sa coquille et aller vers les autres ; autrement dit, il ne doit pas attendre passivement que les
gens viennent à lui, mais il doit faire le premier pas.

p. 116

Exercice A

1. Le thème de cet article est l'amitié.

2. Michel Heurteaux est l'auteur de cet article écrit
d'après une interview de Jacqueline Kelen.

3. Cet article provient de : *Les Clés de l'actualité*.

4. Pour l'auteur, l'amitié est une relation entre
individus qui n'est fondée ni sur la relation
amoureuse, ni sur les liens du sang (ligne 11).

5. Non, ce sentiment a évolué suivant les époques
et les sociétés (ligne 17).

6. L'amitié semble importante à notre époque
parce que notre société traverse une période
trouble (secteur économique, social, politique...)
et donc ce sentiment rassure puisqu'il semble
sûr. C'est un sentiment qui paraît plus durable
que l'amour car il est moins exigeant. (« *Dans
la période troublée... comme peut l'être une
passion* »).

7. Se faire des amis n'est pas chose facile selon
l'auteur de cet article. Il faut oser aller vers les
autres, savoir accepter la première proposition,
bref, c'est une relation qui n'est pas donnée,
mais qui se construit (4ᵉ colonne).

8. Suggestion : Cette question devrait entraîner
un moment d'échange authentique dans la
classe. On pourra, par exemple, demander aux
apprenants, par petits groupes, de tenter de se
mettre d'accord sur une définition de l'amitié
puis d'exposer cette définition à l'ensemble du
groupe. L'enseignant tentera alors de souligner
les divergences d'opinion, de faire préciser, de
faire fournir des exemples, etc.

Cette question pourrait encore servir de sujet à
un travail écrit, individuel ou collectif.

Exercice B

1. Cinq qualités morales : la noblesse, la morale,
la spiritualité, la générosité, le désintéressement
(la tolérance).

2. Cinq sentiments : l'amitié, l'amour, la tendresse,
l'affection, la gentillesse.

3. Quatre expressions de temps : au cours de
l'histoire, d'abord, au temps des Grecs et des
Romains, enfin, à partir du XVIIIᵉ siècle.

4. Quatre verbes exprimant un sentiment : partager, faire le bien, aimer, donner son cœur.

Exercice C

1. passionné(e), passionnant(e)
2. relationnel(le), relatif(ive)
3. sentimental(e)
4. social(e)
5. historique
6. spirituel(le)
7. périodique
8. féminin(e)
9. noble
10. séparé(e), séparable, séparatiste
11. problématique

Exercice D

1. la naissance
2. l'évolution *(f)*
3. la signification
4. la considération
5. l'attente *(f)*
6. l'occupation *(f)*
7. l'affiche *(f)*/l'affichage *(m)*
8. la preuve
9. la démonstration
10. la constatation
11. l'implication *(f)*
12. la suite
13. l'aveu *(m)*
14. la dépendance

1. Les articulateurs du discours

A 1f – 2d – 3e – 4b – 5a – 6c.

p. 117

B A1b : **car** explique la cause de l'action.

A2a : **c'est pourquoi** exprime la conséquence, ce qu'a entraîné le mauvais état de cette maison.

B1b : **en effet** explique pourquoi la personne aime la musique douce.

B2a : **par contre** marque une nette opposition entre les deux opinions exprimées.

C1a* : **toutefois** marque une restriction quant à la mise en place de ce nouveau projet.

C2c : **parce que** explique la cause de ces prochaines modifications.

C3b : **d'ailleurs** ajoute une idée, apporte des éléments d'information supplémentaires.

* Dans cette phrase, *intégrer* signifie : faire appliquer dans le système.

C 1. Je voudrais me marier. **En revanche**, je ne sais pas encore si je désire avoir des enfants.

2. Henri ne s'intéresse pas du tout à l'actualité. **D'ailleurs**, il ne lit aucun journal.

p. 118

3. Je sais très bien ce que je veux. **En premier lieu**, exercer ma profession puis fonder une famille.

4. Clémence a peur de l'avenir. **En fait**, tout va bien pour elle.

5. Les Bazin sont fort nombreux. Il leur est **donc** difficile de se réunir tous ensemble.

6. Le Président a évoqué les réformes en cours. Il a **aussi** présenté ses vœux de bonne année aux Français.

2. Résumer un texte

A 1re partie : *L'homme... et les sociétés.* Introduction, présentation du thème de l'article.

2e partie : *Au cours de l'histoire... ses grandes conquêtes.* Évolution du sentiment à travers l'histoire.

3e partie : *Aujourd'hui... c'est une relation plus profonde.* Valeurs de l'amitié aujourd'hui et analyse du phénomène.

4e partie : *Aller vers les autres... fin du texte.* Conclusion, propositions concrètes.

B Propositions de réponses :

1. Définition de l'amitié Mots-clés : – amitié – relation / individus – époques / sociétés	Articulateurs : – aussi – pas seulement
2. Représentation de l'amitié au cours de l'histoire Mots-clés : – la morale / la spiritualité – partager / mêmes valeurs – générosité / désintéressement – pas accessible aux femmes susceptibles d'éprouver de l'amitié – mouvement féministe / années 60	Articulateurs : – d'abord – enfin
3. Qu'est-ce que l'amitié de nos jours ? Mots-clés : – place importante / recours / valeur sûre – faillite du sentiment amoureux – sentiment solide – amitié exigeante : générosité / partage / tolérance – relation profonde	Articulateurs : – aujourd'hui – en revanche – mais – en effet
4. Comment avoir des amis ? Mots-clés : – comment se faire des amis ? – facile – vrai ami – les autres – oser / sortir de sa coquille / le premier pas – choix personnel – construire – ne s'achète pas – un sens / une morale aux relations	Articulateurs : – pourtant – en fait – en définitive

C 1. Les enfants se destinant à un métier manuel ont moins besoin d'étudier les langues mortes que ceux qui visent une carrière médicale ou juridique.

2. Les progrès sociaux et technologiques ont favorisé la communication.

3. Actuellement, les événements politiques ou les catastrophes envahissent l'actualité.

4. Les journalistes ne cessent de publier des articles concernant l'opinion des gens célèbres sur les sujets les plus divers.

p. 119 **D** Il s'agit de continuer le travail commencé dans la première colonne (barrer les mots ou groupes de mots que l'on peut supprimer sans modifier le sens du texte).

La télévision par Françoise Giroud

« On a la haine ! »

À regarder l'émission de Mireille Dumas « Je ne veux plus être pauvre », ~~la honte vous montait au front.~~ Comment avons-nous pu, collectivement, laisser la situation française se dégrader au point que 5 millions de gens en soient à vivre avec moins de 2 000 francs par mois – ~~5 millions ! –, comment avons-nous pu laisser se former~~ cette sous-société de souffrance et de misère alors que le pouvoir d'achat des autres augmentait, que les patrimoines grossissaient, ~~au lieu que joue la solidarité, c'est une sinistre histoire. Aujourd'hui, les faits sont là : 5 millions de pauvres campent dans notre pays.~~ Et il faut féliciter Mireille Dumas d'avoir mis le projecteur sur eux, à travers quelques cas.

~~Une jeune femme au beau visage, sous contrat d'emploi solidarité, qui demande seulement « *un toit et manger* ». Un couple saccagé qui va de dépression en suicide. Un bûcheron vaillant dont la famille vit avec 3 500 francs par mois, à cinq...~~ Des gens qui veulent travailler, ~~qui ne demandent pas à être assistés, qui ont le respect d'eux-mêmes,~~ qui se battent pour survivre mais qui arrivent à peine à se nourrir, ~~simplement à se nourrir.~~ Ils racontaient leur vie de privations, la honte qu'ils éprouvent d'être pauvres. ~~À la fin, une femme dit : « *On devient méchant. J'ai la haine...* »,~~ et les autres reprirent : « ~~Oui,~~ on a la haine... » Une haine qui rôde à la ronde. Ainsi se déchire le tissu d'une société.

Nouvel Observateur, n° 1567, 17 au 23 novembre 1994.

Note :

– « *On a la haine* » est une expression populaire qui traduit bien le malaise actuel qu'éprouvent de nombreux jeunes et qui signifie : « On éprouve de la haine envers tout le monde ».

Proposition de résumé :
L'émission : « Je ne veux plus être pauvre » nous pousse à nous interroger sur la situation actuelle de la France ainsi que sur la notion de solidarité. En effet, aujourd'hui, cinq millions de personnes n'ont pas de revenus leur permettant de vivre décemment, alors que bien d'autres s'enrichissent. Bravo à Mireille Dumas de nous avoir montré ces gens courageux qui, malgré leur combat, ne peuvent subvenir à leurs besoins et qui sont honteux d'être pauvres. Ils finissent même par éprouver de la haine et c'est ainsi qu'une société se divise lentement.

Savoir-faire

Proposition de résumé :
La fin des « bonnes mœurs »
Avant 1968, quelques règles simples régissaient la société : chacun se devait d'obéir à son ascendant hiérarchique et le conformisme était de mise. Au cours des trente dernières années, les valeurs et certains comportements des Français ont changé plus rapidement qu'en trois siècles. Cela est allé un peu trop vite pour certains, mais n'est-ce pas maintenant l'époque de la véritable liberté ?

Notes :

– *L'affaire du voile de Creil en 1989 :* au nom de la laïcité (neutralité en matière de politique et de religion), le chef d'établissement d'un lycée de Creil (ville de l'Oise) a décidé de renvoyer quelques jeunes filles musulmanes qui refusaient de retirer le voile imposé par leur religion. Cet événement a soulevé un débat national d'une grande ampleur, les uns prenant le parti des jeunes musulmanes et de leurs convictions, les autres approuvant le chef d'établissement et ses principes laïcs.

– *Mai 68 :* ce fut l'année des émeutes estudiantines. Les universités parisiennes furent tour à tour évacuées, des manifestations très violentes eurent lieu à Paris. Ce mouvement gigantesque amorcé par les étudiants s'étendit au monde du travail, notamment aux usines Renault, Peugeot et Citroën. Les conséquences furent multiples, tant sur le plan politique, financier, que sociologique. En effet, la contestation s'est développée dans tous les domaines (administrations, entreprises, éducation...) et l'on assista ensuite à de nombreuses transformations dans tous ces secteurs. Le chef de l'État, Charles de Gaulle, démissionna en 1969 et Georges Pompidou lui succéda.

– *Un film osé :* qui risque de choquer à cause de certaines scènes (érotiques par exemple).

– *Des couples de crémiers si convenables... :* cela fait référence aux nombreux "reality-shows" diffusés par les chaînes de télévision françaises (*Cf.* texte livre de l'élève, page 111) dans lesquels des gens très ordinaires, des Français moyens qu'on croyait tranquilles et discrets (les crémiers convenables) éprouvent le besoin d'exposer leurs problèmes de couple devant des milliers de téléspectateurs (vidéo-psy).

– *Les profs ont dégringolé de leurs estrades :* cette image veut dire que les professeurs ont perdu de leur prestige, que depuis quelques années ils sont moins considérés qu'avant.

– *On ne tranche plus la tête aux assassins :* cette nouvelle image signifie que l'on n'accorde plus la même valeur aux délits. On semble être plus indulgents, pardonner beaucoup plus.

p. 120 ## *Repères*
Notes :
– *Cet obscur objet du plaisir :* référence à *Cet obscur objet du désir*, film de Luis Buñuel adapté du roman *La femme et le pantin*, écrit en 1898 par Pierre Loüys.

– *La première communion* (2e colonne) : pour les Chrétiens, on fait sa première communion à l'âge de 10-12 ans ; cela signifie que le jeune communie, c'est-à-dire reçoit le sacrement de l'eucharistie. Toute la famille est invitée pour fêter l'événement, et, traditionnellement chacun offre un cadeau au communiant.

A 1. Le cadeau peut évoquer la générosité, le souhait de faire plaisir à autrui, mais aussi l'hypocrisie et la culpabilité.

2. En offrant un cadeau, on veut prouver à l'autre qu'il existe pour nous.

3. Le cadeau est très important dans nos sociétés puisque l'homme occidental accorde une grande valeur aux biens matériels et aime « posséder », avoir une grande quantité d'objets.

4. Quand on reçoit un cadeau, on remercie, on ouvre aussitôt le paquet devant la personne qui nous l'a offert, on s'émerveille… On prononce des phrases telles que : « Merci, c'est très (trop) gentil. » ou « Il ne fallait pas… ».

5. En France, on fait des cadeaux pour les fêtes telles que les anniversaires ou Noël, ou bien pour fêter des événements comme les mariages ou les naissances… Certains présents ont un sens bien précis : les cadeaux de naissance ont pour rôle d'introduire le nouveau-né dans la société, la montre de la communion marque le signe de l'indépendance…

6. On cesse d'attendre les cadeaux au moment où l'on cesse de dépendre d'autrui. Cela signifie que le désir d'être autonome est plus grand que celui de recevoir.

Les réponses aux questions 7 et 8 devraient permettre de s'exprimer à l'oral dans une optique interculturelle.

B 1. Jouets :
– place de la France sur le marché mondial : seconde ;
– budget d'achat par enfant : environ 1 830 francs ;
– budget national : environ 21 milliards de jeux et jouets en 1993.

2. Mariage :
– nombre de mariages : environ 280 000 ;
– montant des dépenses : de 60 000 à 80 000 francs en moyenne.

3. Liste de mariage :
– nombre de listes de mariage dans un grand magasin : 1 200 ;
– valeur de chacune de ces listes : autour de 20 000 francs ;
– rayons où sont achetés les cadeaux : les arts de la table, l'électroménager, les loisirs, l'ameublement et la literie, le luminaire, le sport, le bricolage, les voyages.

Note :
La liste de mariage : quelque temps avant la cérémonie, les futurs mariés peuvent « déposer une liste de mariage » dans un magasin de leur choix. Les invités choisissent dans cette liste les cadeaux qu'ils désirent offrir aux futurs époux. Le magasin s'occupera ensuite de distribuer au couple les cadeaux achetés.

Cette tradition peut présenter l'avantage suivant : les donateurs seront sûrs de faire un cadeau que les mariés désireront vraiment. Mais ce système peut également apparaître contraignant, puisque les invités se sentent un peu forcés de faire un cadeau, et en plus, ils sont quasiment obligés de choisir un cadeau de la liste et les mariés en connaissent le prix.

3. La formation du subjonctif

Le subjonctif présent		
Écouter	**Finir**	**Venir**
que j'écoute	que je finisse	que je vienne
que tu écoutes	que tu finisses	que tu viennes
qu'il/elle écoute	qu'il/elle finisse	qu'il/elle vienne
que nous écoutions	que nous finissions	que nous venions
que vous écoutiez	que vous finissiez	que vous veniez
qu'ils/elles écoutent	qu'ils/elles finissent	qu'ils/elles viennent

A 1. Il faut que **vous regardiez** attentivement le mode d'emploi.

2. Il ne faut pas que **vous soyez** trop exigeant.

3. Il faut que **vous reveniez** à cinq heures.

4. Il faut que **tu finisses** de mettre la table avant de jouer.

5. Il faut que **tu apprennes** à être à l'heure.

6. Il faut que **vous vous taisiez**.

7. Il faut que **tu lises** cet article de *Libération*.

8. Il faut que **tu me dises** la vérité.

9. Il faut que **tu lui écrives** un mot de remerciements.

10. Il faut que **vous traduisiez** tout le texte.

B 1. – Il faut que nous **lisions** le résumé.

2. – Non, il faut qu'ils **dorment** encore un peu.

3. – Il faudrait que tu lui **écrives** !

4. – Il faut simplement qu'elle **aille** à la préfecture.

5. – Il faut qu'ils **prennent** un billet !

6. – Il faudrait que vous la **connaissiez** !

7. – Non attends, il faut encore que je **mette** l'appareil-photo !

8. – Écoute, pas de caprices, il faut que tu **sois** raisonnable, si tu veux que le Père Noël vienne à la maison.

9. – Ah oui ! Il faut qu'on **tienne** nos promesses !

10. – Non, d'abord, il faut que vous **terminiez** vos devoirs !

4. Exprimer ses sentiments

A Thème
1. la protection de la nature
2. les guerres dans le monde
3. la recherche scientifique
4. les médias

5. le chômage

6. les échanges internationaux

Sentiments

1. l'angoisse / la peur

2. le pessimisme

3. l'optimisme

4. la colère / le regret

5. l'espoir

6. la conviction / la volonté

Souhait

1. l'adoption de lois écologiques

2. moins de conflits

3. plus d'argent consacré à la recherche scientifique

4. l'objectivité des médias

5. trouver un emploi / une société plus juste

6. la solidarité / les échanges économiques et culturels

B 1. angoisse / peur : *pessimiste - ce qui m'angoisse - j'ai bien peur que… - je proposerais que…*

2. pessimisme : *j'espère que… - (je souhaite) que l'ONU réussisse… - je n'y crois pas trop.*

3. l'optimisme : *je suis sûre que… - je voudrais qu'… - je crois que…*

4. la colère / le regret : *je regrette qu'… - je suis furieux - je voudrais qu'…*

5. l'espoir : *j'aimerais que… - je voudrais trouver un emploi / que…*

6. la conviction / la volonté : *je suis convaincue qu'… - je le souhaite - il faut que…*

D 1.

Ma chérie,

Comme je suis contente de vous voir bientôt ! Nous allons faire tant de choses ensemble ! Pendant votre séjour, j'aimerais que nous <u>*fassions*</u> *un peu de tourisme. Pas toi ? Tu voudrais peut-être que j'*<u>*invite*</u> *tes cousins, cela fait si longtemps que tu ne les as pas vus ! Mais, il faudra surtout que nous* <u>*rendions*</u> *visite à mamy et que tu la* <u>*remercies*</u> *de tous ses cadeaux ! Hélas ! Tu ne restes que trois jours, j'ai bien peur que nous n'*<u>*ayons*</u> *pas le temps de tout faire !*

Note:

On peut supposer qu'il s'agit d'une mère qui écrit à sa fille *(tes cousins / mamy / Tu ne restes…)*. Cette dernière va bientôt, en compagnie de sa famille *(je suis contente de vous voir / votre séjour…)*, rendre visite à ses parents qui vivent loin d'elle.

p. 125 2.

Mes chers amis,

Je vous présente mes meilleurs vœux et je souhaite que tous vos projets se <u>*réalisent*</u>*, que les enfants* <u>*réussissent*</u> *leurs examens, que vous* <u>*finissiez*</u> *les travaux de votre maison, que votre année* <u>*soit*</u> *pleine de prospérité et surtout que nous nous* <u>*voyions*</u> *plus souvent !*

3.

Salut ma belle !

Comme j'aimerais que tu m'écrives ou que tu me téléphones. Je suis désolée que tu sois fâchée contre moi ! Je regrette que tu ne veuilles plus me voir ! Allons ! Il n'est pas possible que tu puisses refuser de me voir ! Je souhaite de tout mon cœur que nous ayons une explication et que nous redevenions amies.

E Propositions de réponses :

L'objectif de cet exercice est bien sûr l'emploi du subjonctif pour exprimer ses sentiments. Toutefois, la communication doit être spontanée et le professeur n'imposera pas l'emploi de ce mode aux élèves. En effet, pour la phrase 1, on pourrait également entendre : *j'adore me promener en famille*. L'essentiel est que chacun exprime ses sensations face aux situations proposées.

1. La campagne. C'est agréable. J'adore que nous nous promenions en famille dans la nature.

2. Les amis. J'en ai beaucoup mais je regrette que certains d'entre eux vivent très loin de moi.

3. La famille. C'est très important pour moi. J'aime qu'on se retrouve tous ensemble !

4. Le soleil. Il me met de bonne humeur ; j'adore qu'il fasse beau !

5. Les disputes. Je déteste que les gens ne s'expliquent pas calmement et se disputent.

6. Les fêtes. Je trouve très agréable qu'on puisse fêter un événement important avec ses amis.

7. La méchanceté. Je ne comprends pas qu'on puisse être méchant avec quelqu'un.

8. Les vacances. J'en ai besoin. Je souhaite que mon mari prenne deux semaines de congés.

9. La ville. Je ne voudrais pas vivre longtemps loin de la ville. J'adore marcher dans les rues…

10. L'argent. J'aimerais tant qu'il ne soit pas aussi important dans notre société !

11. Prendre l'avion. J'adore voyager en avion ; je voudrais décoller tous les jours !

12. Les araignées. Quelle horreur ! J'ai toujours peur qu'elles viennent sur moi pour me piquer !

p. 126

Savoir-faire

Propositions de réponses :

1. Il se peut qu'elles soient au fond de mon sac…
2. C'est incroyable que j'aie autant de chance !
3. Je suis désolé(e) que mon ami(e) ait dû m'attendre…
4. Je déteste qu'on ne me prévienne pas quand on ne peut pas venir à un rendez-vous !
5. J'adore qu'on me fasse des compliments.
6. J'ai vraiment horreur qu'on me mente !
7. J'ai peur que les médecins ne réussissent pas l'opération…
8. Je suis fier (fière) d'avoir enfin réussi.

Repères

La solidarité en question

Notes :

– L'hiver 1954 fut très rude en France et l'on dénombra de nombreuses victimes parmi les sans-logis. Un jour sur les ondes de la radio, l'abbé Pierre lança un appel à tous les Français, un appel à la solidarité qui engendra une réelle prise de conscience collective. Il accusa également le gouvernement de ne pas faire ce qui était en son pouvoir pour venir en aide aux sans-abris. Le « J'accuse » mentionné dans ce texte fait allusion au *J'accuse* de Zola, écrivain français, qui, en 1898 prit violemment parti dans les luttes politiques.

– *Ils en sont revenus* (ligne 12) : ils ont changé d'avis par rapport à leur idée initiale ; ici, cette expression de la langue parlée signifie qu'ils ont désormais évalué les méfaits de la société de consommation et que leur opinion est plutôt négative.

– *S'engager* (ligne 22) : militer, travailler activement pour une association humanitaire.

– *Médecins du Monde* (ligne 40) : association de médecins qui se rendent en mission dans des pays frappés par la famine, les épidémies, la guerre…

– *Le Secours Catholique* (ligne 44) : association humanitaire dans laquelle des catholiques se mobilisent pour venir en aide aux démunis.

– *Un vieux routier* (ligne 50) : cette expression familière ici, pourrait être remplacée par : un initié, un grand habitué.

p. 127

Document en haut à droite : cette photo diffusée par le Secours Populaire Français, autre association qui tente de venir en aide aux plus défavorisés, a pour but de faire réagir les gens. On ne peut pas rester insensible à la vue de cet homme qui cache son visage tant il se sent misérable. Le Secours Populaire espère ainsi que des bonnes volontés viendront les rejoindre pour venir en aide aux milliers « d'hommes sans visages », afin qu'ils osent bientôt redresser la tête.

Suggestion :

Le texte sous la photo n'est pas à lire ni à comprendre. Le travail pourra se faire à partir du slogan au-dessus de la photo (*« quand on perd sa dignité on perd presque tout »*, ainsi que *« agir pour réagir »* et du logo de l'association. À partir de ces éléments et de la photo, on pourra demander aux apprenants d'expliciter l'affiche :

– Pourquoi cet homme cache-t-il son visage ?

– Pouvez-vous expliquer : *« on perd sa dignité »* ?

– En regardant le logo du Secours Populaire français, essayez d'imaginer ce que fait cette association.

– Quel est le but recherché par la diffusion de cette affiche ?

A 1. L'abbé Pierre est un vieil homme (un prêtre) qui a fait beaucoup pour les personnes sans logis. Il s'adresse à tous les Français.

2. Pour le journaliste, la solidarité consiste à être capable de donner un peu de temps ou d'argent pour aider les autres.

3. Non, le journaliste parle *« d'apathie générale »*. La France est un pays riche, pourtant le taux de chômage augmente et il y a de plus en plus de SDF.

4. Il semble qu'en donnant de l'argent aux œuvres humanitaires, les Français se donnent bonne conscience et *trouvent un sens à leur vie*. Il est facile de donner de l'argent ; en revanche, il est beaucoup plus difficile de s'engager réellement, de s'investir dans une mission humanitaire.

5. On peut s'engager réellement dans les associations, y travailler.

6. Les travaux des bénévoles peuvent être très variables. Suivant leurs compétences, il leur sera demandé d'accomplir des tâches très diverses telles que mettre des cartes sous enveloppe, alphabétiser les enfants issus du quart monde, aider les enfants hospitalisés…

7. Ce n'est pas facile d'être bénévole. Mieux vaut être *compétent* et *performant*. Il faut savoir écouter et être capable d'être heureux du bien qu'on procure aux autres.

B 1. **Les restaurants du cœur :** association fondée par Coluche – comique français aujourd'hui disparu –, dont le but est de procurer des repas à ceux qui ont faim. Dans chaque grande ville, et pendant tout l'hiver, des bénévoles apportent ou distribuent de la nourriture aux plus démunis. Sur cette photo, on peut justement voir une distribution, ainsi que l'affiche des « restaurants du cœur » devenue célèbre en France. Elle est signée par Coluche qui a lui-même écrit : « On compte sur vous. »

2. **Tri de médicaments à l'association Terre d'Amitié :** on voit ici des bénévoles travailler dans les locaux de cette association. Ils trient les médicaments : plutôt que de garder les médicaments non utilisés chez soi, on peut donc les faire parvenir à ce type d'association qui les achemine ensuite dans les pays les plus défavorisés.

3. **Tous contre le sida :** ce logo symbolise la lutte contre le sida. Plusieurs chaînes de la télévision française (TF1, France 2, France 3, Canal + et M6) se sont récemment mobilisées pour produire une grande émission qui a rassemblé de très nombreuses vedettes du monde politique, artistique, du show-business, et dont les fonds ont été intégralement versés à la recherche contre la maladie.

4. **Animation à l'hôpital Necker :** au service des enfants de l'hôpital Necker de Paris, ainsi que dans d'autres hôpitaux, des animations sont organisées pour aider les enfants à mieux supporter leur maladie et leur hospitalisation. Des clowns ou des comédiens viennent donc régulièrement jouer, danser ou chanter, à la plus grande joie des enfants. Cette action a bien sûr un but thérapeutique, puisqu'on a constaté que le rire avait des effets sur l'amélioration de l'état de santé des petits malades.

ⓒ Propositions :

Quelques questions pouvant lancer le débat : Seriez-vous prêt à donner un peu de votre temps pour une association humanitaire ? Laquelle et pourquoi feriez-vous ce choix (aide aux pays en guerre, enfants maltraités, maladies graves…) ? Ces associations jouent-elles un rôle essentiel ? Certains pensent que, contrairement à ce que l'on pourrait croire, il est un peu égoïste d'aider des associations humanitaires, que c'est en fait un moyen de se donner bonne conscience ; quel est votre point de vue ? Que pensez-vous des vedettes du cinéma ou de la télévision qui défendent publiquement une grande cause ? …

p. 128 *Repères*

Note :

– *Renaud* est un chanteur engagé qui a beaucoup chanté le mal des banlieues, la délinquance… avec toujours beaucoup d'humour *(Laisse béton, Gérard Lambert).* Suite au film *Germinal* dans lequel il a tenu son premier rôle d'acteur, il a chanté des chansons sur la région du nord de la France et il a sorti en septembre 1995 un disque sur lequel il ne chante que des chansons de Georges Brassens (auteur, compositeur et chanteur français décédé en 1981) auquel il veut rendre hommage.

1. Le chanteur s'adresse à un enfant. Il imagine qu'il a un fils avec lequel il fait des projets.

2. Deux personnages sont évoqués par Renaud : Pierrot, le fils qu'il s'est inventé et la mère de cet enfant que le chanteur n'a pas encore trouvée.

3. Non, ces personnages ne sont pas réels. Le futur est employé puisque Renaud fait des projets avec cet enfant et cette femme qu'il n'a pas encore. De plus, certains passages nous prouvent que les personnages sont imaginaires : *vu qu't'es né qu'dans ma tête et que tu vis que dans ma peau, j'ai construit ta planète au fond de mon cerveau – Depuis l'temps que j'te rêve, depuis le temps que j't'invente.*

4. Il semble issu d'un milieu social plutôt défavorisé. Il parle du *ruisseau* qui désigne la pauvreté, il se décrit comme une personne alcoolique *(le jour où tu t'ramènes, j'arrête de boire).* Il dit aussi qu'il est dans la misère *(seul sur le chemin),* que son langage est plutôt vulgaire *(j't'apprendrai des gros mots).* Enfin, il parle de bandes de copains, de couteaux et de vols.

5. Le chanteur est plutôt *sentimental, rêveur* et *attachant.* Il est très malheureux et doit se sentir bien seul pour éprouver le besoin de s'inventer une famille. On sent qu'il recherche la chaleur, la douceur, l'affection et il apparaît plus pathétique que méchant.

p. 130 **5. *Distinguer le présent de l'indicatif du subjonctif présent***

ⓐ 1. J'espère qu'elle **est** contente (indicatif)
2. Il suffit qu'elle **ait**… (subjonctif)
3. Il faut qu'il y **ait**… (subjonctif)
4. … que son ami **parte** (subjonctif)
5. Je ne crois pas qu'il **sache**… (subjonctif)
6. Sa mère dit qu'il **se souvient**… (indicatif)
7. Pensez-vous qu'il **puisse**… (subjonctif)
8. … qu'ils **puissent**… (subjonctif)
9. Voulez-vous que je **prenne**… (subjonctif)
10. Penses-tu qu'il **croie**… (subjonctif)

ⓒ *Cf.* Transcription, page 198.

DOSSIER 3

La thématique du dossier 3 porte sur les préoccupations des adultes. On aborde successivement le monde du travail, l'argent, l'amour et le bonheur. Le manuel s'achève sur un dossier « francophonie ».

p. 131 Trois photos illustrent quelques thèmes contenus dans le dossier :

- trois personnes au bureau semblent discuter d'un projet professionnel (illustration de la séquence 1) ;
- une personne remplit un chèque bancaire à l'ordre du trésor public en règlement de ses impôts sur le revenu (feuille d'imposition sous le chéquier) pour illustrer la séquence sur l'argent ;
- enfin, un jeune couple illustre à la fois les thèmes de l'amour et du bonheur (séquences 3 et 4).

SÉQUENCE 1

OBJECTIF EMPLOI

p. 132 **A** 1. En ce moment, **il est difficile** de trouver un emploi.
2. M. Guillot cherche **un serveur** pour son bar-restaurant.
3. M. Charles téléphone à M. Guillot.
4. Arnaud **ne parle pas** à M. Guillot au téléphone. (**M. Charles** parle à M. Guillot)
5. M. Guillot veut bien rencontrer Arnaud **tout de suite**.
6. M. Guillot **ne promet pas** à M. Charles d'embaucher Arnaud.
7. Arnaud est très **nerveux**.
8. Arnaud **ne veut pas décevoir** M. Charles.
9. Mme Charles demande à Arnaud de revenir les voir.
10. **Finalement**, Arnaud **a obtenu l'emploi** au café des Capucines.

B Ordre des questions :
b. – Qu'est-ce qu'il fait cet après-midi, il pourrait venir se présenter ?
 – *Ah bon, maintenant, pour se présenter...*
d. – J'aurais besoin de son CV, bien sûr et de ses certificats de travail pour que je voie un peu ce qu'il a fait.
 – *Oui, pour que vous sachiez ce qu'il a fait avant... ah oui, d'accord, je le lui dis tout de suite.*
c. – Il a gardé tout cela, j'espère ?
 – *Oui, oh, certainement, il a bien dû les conserver...*
a. – Il pourrait commencer rapidement ?
 – *Ah oui, quand vous voudrez.*

p. 133 **C** Propositions de réponses :
– Allô, Monsieur Charles ? C'est Arnaud !

– **Ah, Arnaud, est-ce que ça va ?**
– Oui, très bien, ça a marché ! Je ne sais comment vous remercier !
– **Et comment s'est passé l'entretien avec Guillot ?**
– Ah, pas toujours facile ; il avait des questions un peu déroutantes ; mais, malgré ma timidité, j'essayais d'avoir l'air très assuré... Je pense quand même que je n'ai pas toujours été excellent...
– **Ça, ce n'est pas grave, tu n'as peut-être pas été excellent mais tu as réussi !**
– Oui, c'est vrai mais c'est aussi parce que vous m'aviez recommandé à M. Guillot... Je ne pense pas être très doué pour ce genre d'entretien.
– **L'essentiel, c'est le résultat, n'est-ce pas Arnaud ?**
– C'est vrai, c'est l'essentiel, comme vous dites !
– **Quand commences-tu ?**
– Lundi à 19 h 30.
– **Je suis vraiment très content pour toi !**
– Moi aussi, vous ne pouvez pas savoir comme je suis heureux ! Merci encore, Monsieur Charles !

D 1. Par les temps qui courent.
  c. Actuellement.
2. Un entretien.
  b. Une conversation.
3. La trouille (fam.)
  b. La peur.
4. Décevoir.
  b. Ne pas répondre à une attente.
5. Déroutant.
  a. Inattendu.
6. Doué.
  b. Talentueux.

1. Exprimer la possession

A le sien remplace : **son serveur**
on l'utilise pour ne pas répéter *son serveur*, ce qui alourdirait la phrase et la rendrait inélégante.

55

p. 134 **B**

	Singulier	Pluriel
1re personne *Masculin* *Féminin*	c'est mon ami → c'est **le mien** c'est ma fille → c'est **la mienne**	ce sont mes amis → ce sont **les miens** ce sont mes filles → ce sont **les miennes**
2e personne *Masculin* *Féminin*	c'est ton ami → c'est **le tien** c'est ta fille → c'est **la tienne**	ce sont tes amis → ce sont **les tiens** ce sont tes filles → ce sont **les tiennes**
3e personne *Masculin* *Féminin*	c'est son ami → c'est **le sien** c'est sa fille → c'est **la sienne**	ce sont ses amis → ce sont **les siens** ce sont ses filles → ce sont **les siennes**

	Singulier	Pluriel
1re personne *Masculin* *Féminin*	c'est notre ami → c'est **le nôtre** c'est notre fille → c'est **la nôtre**	ce sont { nos amis / nos filles } → ce sont **les nôtres**
2e personne *Masculin* *Féminin*	c'est votre ami → c'est **le vôtre** c'est votre fille → c'est **la vôtre**	ce sont { vos amis / vos filles } → ce sont **les vôtres**
3e personne *Masculin* *Féminin*	c'est leur ami → c'est **le leur** c'est leur fille → c'est **la leur**	ce sont { leurs amis / leurs filles } → ce sont **les leurs**

C 1. – C'est la voiture de Bruno, tu es sûre ?
– Oui c'est bien **la sienne**.
2. – À mes enfants ? Non, ces jouets ne sont pas à eux !
– Mais si, ce sont **les leurs**, j'en suis certaine.
3. – Sur la photo de classe, mon fils est au deuxième rang, juste à côté de la maîtresse ; et vous, où est **le vôtre** ?
4. – J'ai oublié mes lunettes. S'il te plaît, est-ce que je peux prendre **les tiennes** ?
5. – Nos enfants sont tous les deux étudiants. Et **les vôtres**, que font-ils ?
6. – Je peux prendre ton vélo ?
– Ah non, je ne te prête plus **le mien**, tu me l'abîmes à chaque fois ! Prends celui de Nadine !
– **Le sien**, non merci, je préfère marcher !

p. 135 **D** 1. Ce livre, c'est **le sien**.
2. C'est celle **de Philippe**.
3. Ils sont partis avec les amis **de Loïc**.
4. Cette écharpe, elle est **à lui**:
5. Ils sont **à nous**.
6. Ce sont **les miennes**.

E Propositions de réponses :
1. Ce sont celles de Sylvie.
2. Non, ils sont à ma collègue.
3. Ah non, c'est le mien !
4. Ça, c'est le bonnet de Damien.
5. Non, sa voiture est en panne, c'est celle de ma sœur.
6. Non, cette poupée n'est pas à Camille mais (elle est) à Alice.

p. 136 **2. Exprimer le but**
A Note :
– Le document est une publicité pour un magazine de télévision spécialement conçu pour les adolescents (il existe également *Télérama*, qui s'adresse aux adultes). « Vos petits lapins » est une expression qui désigne affectueusement les enfants et nous pouvons voir sur l'écran de télévision « navet » qui désigne un mauvais film. Il y a donc un habile jeu de mots qui revient à dire que, pour que les enfants ne regardent pas de mauvais films, il est bon de leur acheter *Télérama Junior* ; ils pourront ainsi choisir leurs programmes grâce aux critiques et comptes rendus de films contenus dans le magazine (*avaler* et *croquer* appartiennent au registre de la gastronomie en référence à *navet* qui désigne un légume ; *cf.* écran de droite).

Exprimer le but
Je lui ai prêté de l'argent **pour qu'**il puisse faire ce voyage. Le professeur a insisté sur ce point **afin que** tout le monde comprenne.
Elle a appelé la police **de peur que** les voleurs reviennent.
Je m'installerai au premier rang **de manière à** bien voir le tableau.

p. 137 **B** Propositions de réponses :
1. – À 17 heures au plus tard, afin d'arriver à Caen avant la nuit.
2. – Dans le but de plaire, c'est féminin...
3. – Pour que vous guérissiez vite...
4. – Pas vraiment, il faut que je dorme plus pour réussir.
5. – Oui, je fais cela pour qu'il ait des souvenirs quand il sera grand.
6. – De peur de perdre du temps sur place.

C Propositions de réponses :

1. Pour rencontrer des gens et avoir plus d'aisance à l'oral.

   En vue de rencontrer l'homme / la femme de ma vie… Pourquoi pas ?

2. Afin de ne pas écouter les horribles bruits de la ville.

3. Pour aller en Australie et aussi pour visiter l'exposition universelle de Séville.

4. J'arrive en avance de peur de me retrouver au fond de la classe et de ne rien entendre.

5. Pour éliminer ; j'ai pris deux kilos pendant mes vacances !

p. 138

Savoir-faire

A Notes :

Ce document publicitaire présente les différentes formations qu'offre l'école française de comptabilité, organisme privé (n'appartenant pas à la fonction publique, au domaine de l'état, mais dont la gestion et le fonctionnement sont totalement privés) de la banlieue parisienne.

– *Un diplôme d'État :* bien que cette école soit privée, elle prépare aux diplômes nationaux, tout comme les écoles publiques.

– *BEP :* Brevet d'Études Professionnelles (après deux années de lycée professionnel).

– *Bac Pro :* baccalauréat professionnel.

– *BP (Brevet Professionnel) :* grâce à ce diplôme, le futur employé pourra ponctuellement être amené à prendre des décisions au sein de l'entreprise.

– *BTS :* Brevet de Technicien Supérieur (deux années avec ou sans le baccalauréat). Grâce à ce diplôme, le futur salarié pourra prétendre à un *poste à responsabilités*, c'est-à-dire à un poste assez important dans l'entreprise ; il pourra avoir la responsabilité d'un service, diriger une équipe, prendre certaines décisions… ou à un *poste de haut niveau*, c'est-à-dire à un poste clé dans l'entreprise, avec des responsabilités et un bon salaire.

– *Le terrain :* cette formation propose une expérience sur le terrain, c'est-à-dire au sein même d'une société et non dans une école, afin que l'étudiant soit directement formé aux problèmes concrets de l'entreprise. Cette formation privilégie la pratique plutôt que la théorie.

p. 139

Repères

A 1. faux – 2. vrai – 3. vrai – 4. vrai – 5. faux – 6. vrai – 7. vrai.

B Suggestions :

Si l'enseignant dispose d'ouvrages ou de documents français traitant de ce sujet, il pourrait être intéressant de proposer une petite étude comparative avec le pays d'origine des apprenants. Ces derniers pourront être surpris qu'en Allemagne, moins de 30 % des femmes travaillent dans l'industrie. De même ils pourront être étonnés ou non de constater des différences de salaires entre les sexes…

C Pour cet exercice, on propose, dans le livre de l'élève, des pistes de réflexion pour lancer le débat. L'enseignant peut proposer à un ou deux élèves de tenir le rôle d'animateur. Ils seront donc chargés de distribuer la parole, relancer le débat, recentrer la conversation…

p. 140

3. *Rédiger une lettre de candidature à un emploi*

A Notes :

– *PME :* signifie Petites et Moyennes Entreprises.

– *H ou F :* signifie homme ou femme.

– *Prospecter la clientèle :* rendre visite aux clients pour leur faire connaître la société pour laquelle on travaille et surtout les produits qu'elle diffuse.

– *Fidéliser la clientèle :* faire que cette clientèle devienne fidèle, en entretenant de bonnes relations et en effectuant un travail sérieux et suivi.

– *Mobilité géographique :* ce critère est très souvent mentionné dans les offres d'emploi ; cela signifie que le futur salarié doit accepter de quitter la ville dans laquelle il habite pour les besoins de la société pour laquelle il travaille.

A La lettre présentée fait référence à l'**annonce c** (Société Euroexport).

1. Pascale Filliol écrit à cette société pour postuler à l'emploi proposé dans l'annonce.

2. Elle est **secrétaire correspondancière**, c'est-à-dire qu'elle est chargée du courrier à adresser aux clients dans différentes langues (anglais-allemand).

3. Oui, elle a plusieurs expériences dans le même secteur. Elle a occupé un emploi à Cologne en Allemagne, puis deux autres places de secrétaire en France.

4. Le poste à pourvoir exige une connaissance de l'anglais et de l'allemand ; il faut aussi avoir des connaissances dans l'organisation et **le suivi** des clients, c'est-à-dire qu'il faut savoir suivre les relations avec ces derniers (les aider, les conseiller, les solliciter, les relancer…).

5. À la fin de sa lettre, elle demande un rendez-vous avec le directeur du personnel (« Je me tiens à votre disposition ») afin de parler plus clairement de ses motivations.

p. 141

B Explique pourquoi elle écrit (5).
Rappelle les références de l'annonce (6).
Cite les documents qu'elle joint à son courrier (2).
Développe les points importants de son CV en rapport avec les demandes de l'annonce (3).
Exprime sa disponibilité (1).
Utilise une formule de politesse (4).

C a – d – b – c

Claude Prélade
20, rue Rabelais
59000 Lille
Tél : 20 88 30 32

Lille,
le 25 novembre 1995

Société Valea
12 rue Le Corbusier
59000 Lille

Monsieur,

Intéressé par le poste de responsable du service commercial que vous cherchez à pourvoir, je vous prie de trouver ci-joint mon curriculum vitae.

Commercial depuis douze ans dans le secteur automobile, je cherche actuellement un poste à responsabilités qui puisse me permettre de développer mon sens de l'organisation.

Je vous propose que nous nous rencontrions afin d'envisager une future collaboration.

Je vous prie d'agréer, Monsieur, l'expression de mes salutations distinguées.

C. Prélade

Véronique Genty
26, rue de la Paix
78220 Viroflay

Viroflay,
le 20 janvier 1995

Mme de Jontgalland
Le Petit Navire
99 bd de la Reine
78000 Versailles

Madame,

Suite à l'annonce parue dans « Télérama », n° 2349 du 18 janvier 1995, je me permets de vous adresser ma candidature pour le poste de directrice de crèche, puisque je semble avoir le profil que vous recherchez.

En effet, j'ai dirigé pendant six ans une crèche à Limoges, ma ville d'origine, et j'ai eu l'occasion de travailler avec d'autres directrices du département sur un projet commun d'éveil de l'enfant. J'ai également encadré une équipe composée d'éducatrices de jeunes enfants et d'auxiliaires de puériculture, équipe que j'ai intégrée au projet. Je m'intéresse plus particulièrement à la psychologie de l'enfant et j'ai eu l'occasion de me former à ce domaine.

Je joins à ma lettre une photo d'identité ainsi que mon CV qui vous renseignera davantage sur mes expériences antérieures.

Dans l'attente de vous rencontrer afin de vous exposer plus amplement mes motivations, veuillez accepter, Madame, l'expression de ma respectueuse considération.

V. Genty

p. 142   *Savoir-faire*

Proposition de réponse à l'annonce n° 2.

Notes:

– *Contrat à durée déterminée :* le travail proposé n'est pas définitif (contrat de 3, 6 ou 12 mois), contrairement aux emplois sous contrat à durée indéterminée.

– *Tournées :* il s'agit des déplacements effectués par les comédiens pour présenter leur spectacle dans d'autres villes.

– *Puéricultrice DE :* puéricultrice diplômée d'état ; infirmière diplômée qui a suivi une spécialisation pour s'occuper des nouveaux-nés et des enfants jusqu'à 3 ans.

– *Opérateur :* personne qui exécute les opérations techniques liées au métier du cinéma (cadreur, caméraman...).

Repères

Ⓐ Notes :

– *Mettre le paquet :* cette expression familière veut dire que, comme il est très difficile de trouver un travail, il faut faire tous les efforts nécessaires, utiliser tout ce qui est en notre pouvoir afin d'obtenir l'emploi recherché.

– *Quémander* (2ᵉ paragraphe) : demander humblement avec insistance, mendier.

– *Pré-catalogué(e) :* jugé(e) à l'avance par une secrétaire mais peut-être pas justement.

– *Éminence grise :* éminence est un titre d'honneur que l'on donne aux cardinaux. Au sens figuré, une éminence grise désigne une personne qui conseille intimement un personnage important et qui est capable de l'influencer, voire de le manœuvrer.

– *Un laps de temps :* une durée.

– « *l'habit ne fait pas le moine* » (3ᵉ paragraphe) : ce dicton signifie que l'aspect extérieur d'une personne ne reflète pas forcément sa personnalité. Il est donc dangereux de juger quelqu'un sur les apparences ; mieux vaut essayer de le connaître plus amplement. Pourtant, on est très souvent jugé sur notre allure, et comme l'explique ce paragraphe, en matière d'emploi, il est plus sage de rester sobre dans son apparence.

– *Le pied à l'étrier* (haut de la colonne de droite) : cette expression populaire signifie ici que le CV est le premier élément sur lequel vous allez être jugé, c'est ce qui va en premier lieu susciter l'intérêt du lecteur, et il faut donc être conscient de son importance.

– *Palavas-les-Flots :* station balnéaire située près de Montpellier, où de nombreux Français aiment passer leurs vacances d'été.

– *Le couteau sous la gorge* (colonne de droite) : cette expression familière signifie tenter d'obtenir quelque chose de quelqu'un en l'y contraignant, en faisant en sorte qu'il se sente menacé ; ici le journaliste explique qu'il ne faut pas que l'employeur se sente obligé de donner une réponse rapidement.

– *Une rallonge* (dernier paragraphe) : employé familièrement, ce mot venant du verbe rallonger signifie ici une augmentation de salaire.

p. 144

– *À inscrire sur vos tablettes* (haut de la page) : expression provenant des tablettes à écrire d'autrefois et qui signifie : prendre note, noter scrupuleusement.

– « *Broyeuse* » : peut se dire familièrement pour désigner une poignée de main très ferme (qui broie, écrase les doigts).

– *Les accros* (colonne de droite) : familier, vient de accrocher et est utilisé pour désigner une personne qui a une idée fixe ou un comportement obsessionnel (les accros de la télé, par exemple).

– *Pendu(e) au combiné :* expression familière qui veut dire passer son temps au téléphone.

Ⓐ 1. faux – 2. faux – 3. faux – 4. faux – 5. vrai – 6. faux – 7. vrai – 8. faux – 9. vrai.

Ⓑ Le meilleur candidat est le numéro 3.

Le numéro 1 n'a pas été retenu car il semble plus intéressé par le salaire que par le travail.

Quant à la 2ᵉ candidate, elle ne semble pas réellement prête à faire n'importe quoi, comme elle le prétend. En effet, elle pose ses conditions et demande à ne pas travailler le mercredi car elle a ses enfants à garder. Elle ne se montre pas suffisamment disponible.

Le numéro 4 prétend qu'il est très demandé, ce qui est prétentieux et mal venu. Il presse l'employeur à prendre sa décision rapidement, en lui mettant un peu « le couteau sous la gorge ».

p. 146

4. Voyelle orale ou nasale ?

Ⓐ

	[ɛ̃]	[ɛn]
1	X	
2	X	
3		X
4	X	
5		X
6		X
7	X	
8		X

Ⓑ 1. J'ai acheté du pain, des made**leines**, du colin frais pour demain et une douz**aine** d'œufs.
2. Freine, tu n'as pas vu le camion-b**enne** !
3. Ces grands arbres sont des fr**ê**nes, et ceux-là des ch**ê**nes ; là, vous voyez un petit sapin.
5. Michel vient seul ou sa femme vient aussi ?
6. Ses v**eine**s dev**ienne**nt **é**normes.
7. Qu'est-ce que tu as, tu t'ennuies ?

Ⓒ Propositions de réponses :
é : **é**norme, v**é**nérer, t**é**nèbres
è : emm**è**ne, Hél**è**ne, ar**è**ne
ê : ch**ê**ne, fr**ê**ne, r**ê**ne
ei : v**ei**ne, p**ei**ne, bal**ei**ne
ai : douz**ai**ne, améric**ai**ne, sem**ai**ne
en : b**enne**, **enn**emi, europé**enn**e

Ⓓ

	[ã]	[an]
1	X	
2	X	
3		X
4		X
5		X
6	X	
7	X	
8		X

Ⓔ

	[ã]	[an]
1	2 3	1
2	1 2 3	
3	1	2
4	1 2 3	4
5	2	1
6	1 2 3 4	

p. 147

Ⓕ 1. Elle est artis**ane** ; elle fabrique et vend toutes sortes de choses, p**ani**ers, corbeilles...
2. La voiture est encore en p**anne** !

3. Chaque **ann**ée, je vais à **Cann**es pour le Festival.

4. Le renard s'est enfui dans sa **tan**ière.

5. Mon ami nigérian m'a beaucoup parlé des **ani**maux sauvages.

6. C'est par petite **ann**once que j'ai trouvé mon emploi.

G an + voyelle → exemple : arti**san**e, **ani**mal.
ann + voyelle → exemple : **Cann**es, **ann**once.

H

[õ]	[on]
annonce	donner
pont	national
plafond	piétonne
don	colonie
donjon	traditionnel
nation	sonner
piéton	raisonnable
fonctionnel	fonctionnel
raison	

Remarque :

Quand *on* est suivi d'une voyelle ou d'un autre *n*, on prononce toujours [on] (national, donner). Quand il est en finale d'un mot ou suivi d'une consonne (autre que le *n*), il est prononcé [õ] (raison, annonce).

I **Note :**

– Paul Verlaine est un poète français du XIXᵉ siècle (1844-1896). Il publia les *Poèmes saturniens* en 1866, les *Fêtes galantes* en 1869 et d'autres recueils de poèmes. Il fut successivement influencé par Baudelaire et Rimbaud.

SÉQUENCE 2

L'ARGENT FAIT-IL LE BONHEUR ?

Le titre de cette séquence fait référence à un proverbe français : « L'argent ne fait pas le bonheur ». Cette séquence aborde le thème de l'argent à travers les comportements des Français : l'appât du gain, les habitudes de consommation, l'achat à crédit, les impôts, la relation avec son banquier...

p. 148

Notes :

– *En toute légalité* (chapeau de l'article) : sans aucune tricherie, très honnêtement.

– *Supercagnotte* (texte 1) : la somme d'argent qui est à gagner à chaque tirage du loto (4 tirages par semaine, 2 le mercredi et 2 le samedi) est appelée la cagnotte. Quand la cagnotte contient une très grosse somme d'argent, on parle populairement de « supercagnotte ».

– *PMU :* le Pari Mutuel Urbain. Il s'agit des paris enregistrés lors des courses de chevaux, le tiercé (placer les trois bons chevaux à l'arrivée) ou encore le quarté ou le quinté.

– *La Française des Jeux :* elle contrôle le loto, ainsi que tous les jeux instantanés que l'on peut faire chez le marchand de journaux et qui consistent à « gratter » un ticket sur lequel peut apparaître la somme d'argent gagnée : le bingo, le millionnaire, le poker... Ces jeux se multiplient et rapportent de l'argent à l'État par l'intermédiaire de la Française des jeux.

– *L'argent ne dort jamais* (texte 2) : on dit que l'argent « dort » quand il ne fructifie pas, quand il n'est pas « placé » pour faire du profit. À l'inverse, « faire travailler » l'argent signifie le « placer » dans le but qu'il rapporte plus.

– *Idées jubilatoires :* qui apportent une joie très vive, de la réjouissance.

– *Une valeur refuge* (texte 3) : dans notre société en ébullition, le couple semble être désormais une valeur sûre et stable derrière laquelle il fait bon s'abriter. Le couple semble rassurer, apporter un peu de sécurité et de chaleur dans ce monde plein d'incertitudes.

– *3615 IR service... le serveur du ministère des Finances :* grâce au minitel (appareil relié au téléphone qui permet d'accéder à divers services sur un petit ordinateur), on peut, en composant le code 3615 sur le cadran téléphonique, accéder à divers « serveurs » (aides) qui fournissent les informations utiles au secteur demandé. Le serveur du ministère des Finances propose un calcul rapide de l'impôt sur le revenu à payer pour l'année.

– *On peut aussi rêver* (texte 4) : ce titre humoristique veut dire qu'espérer rencontrer un milliardaire est peut-être une idée utopique, mais que toutefois, il n'est pas interdit de rêver...

– *Vous avez donc toutes vos chances* (texte 5) : puisque vous êtes méritant (humour du journaliste qui s'adresse au lecteur), vous êtes donc en droit d'espérer cette augmentation ; c'est tout à fait possible que cela se réalise.

– *HEC :* l'école des Hautes Études Commerciales est l'une des grandes écoles françaises (parmi les dix plus prestigieuses) dont l'accès sur concours est réservé à l'élite.

– *Polytechniciens :* nom donné aux élèves de l'école polytechnique, autre prestigieuse école dont est issu bon nombre de personnalités appartenant à l'élite économique et politique.

– *Frenchies :* nom amical que les Américains donnent aux Français installés aux États-Unis.

p. 149

– *La carte à puce* (haut de la page) : cette carte « intelligente », dotée d'une mémoire informatique, est utilisée dans divers secteurs tels que la banque ou le commerce et permet d'effectuer diverses opérations en toute sécurité (paiements, retraits d'argent...).

– *Faire tourner une entreprise :* faire en sorte que l'entreprise réalise des bénéfices, faire marcher l'entreprise.

– *Carnet de commandes :* carnet sur lequel les commerciaux des entreprises notent les commandes qu'ils passent avec leurs clients. D'autres employés se chargeront ensuite de préparer puis d'expédier la marchandise conformément au bon de commande.

– *Blindage :* matériau constitué de plaques de métal servant à consolider et à protéger les lieux à risques (banques, bijouteries, maisons d'habitation...).

– *Les deux mamelles de la sécurité :* allusion à la phrase devenue célèbre : « Labourage et pâturage sont les deux mamelles dont la France est alimentée. », prononcée par Sully, ancien ministre d'Henri IV. Ici, l'auteur de l'article veut simplement dire que le gardiennage et le blindage sont aujourd'hui indispensables à une bonne sécurité.

– *INSEE* (colonne du milieu) : Institut National de la Statistique et des Études Économiques.

– *Ont mangé leur pain blanc :* cette expression signifie que les vendeurs de micro-informatique ont vécu commercialement leurs meilleurs moments. Le chiffre d'affaires qu'ils peuvent réaliser maintenant ne pourra égaler ce qu'il a déjà été (prix du matériel en baisse constante).

– *Prothèse du divorcé solitaire :* le journaliste dit que les répondeurs téléphoniques tendent à remplacer la compagnie d'un conjoint, qu'il est devenu l'allié inséparable des divorcés (faute de compagnon, ils passent beaucoup de temps à recevoir des appels de leurs amis, à prendre des rendez-vous pour sortir...).

– *Saturés :* pleins, remplis. Le marché des répondeurs téléphoniques et des télécopieurs a encore toutes les possibilités de progresser.

A 1. Plusieurs réponses pourront être acceptées dans cet exercice ; ce qui importe est de faire rechercher l'information dans les textes proposés et par là de vérifier la bonne compréhension des étudiants. Cette vérification se fera très facilement quand chacun argumentera pour justifier son choix en réponse à telle ou telle question. L'activité sera donc plus efficace si les apprenants ne sont pas d'accord et essaient de se convaincre mutuellement.

Moyen :

– le plus rare : textes 1, 4

– le moins fatigant : textes 2, 3, 6

– le plus sûr : textes 5, 4

– le plus « aventureux » : texte 4

– le plus astucieux : textes 7, 6

2. C'est à l'État que le loto rapporte le plus d'argent.

3. La roulette semble pouvoir rapporter plus. On a moins de chances de gagner qu'au jeu de la boule mais les gains sont supérieurs.

4. Il suffit de suivre les conseils donnés dans le texte 2, placer son argent et jouer sur différents avantages fiscaux.

5. Jusqu'en 1995, les couples français concubins avaient plus d'avantages fiscaux que les couples mariés. Un projet de loi a été discuté au Parlement français pour que mariés et concubins aient exactement les mêmes avantages.

6. Comme l'explique le texte 5, il faudra se montrer « le meilleur » au sein de la société car en période de crise, les chefs d'entreprises comptent sur leurs meilleurs éléments pour redresser la situation et leur accordent facilement une augmentation pour les motiver.

7. Beaucoup de Français ont décidé d'aller « faire fortune » aux États-Unis, plus précisément en Californie.

8. Cette question pourra donner lieu à une activité d'expression orale. Si peu d'idées surgissent individuellement, on pourra chercher tous ensemble, sous la forme d'un « brainstorming », l'idée qu'on va pouvoir mettre en place pour gagner de l'argent. La réponse à cette question introduira l'exercice B dans lequel les élèves devront juger des divers moyens de s'enrichir proposés dans l'article, et seront amenés à proposer et soutenir une de ces idées.

9. Les ventes de fers à repasser augmentent, tout comme le nombre de couples qui se séparent.

En cette période de crise, les Français, en manque d'argent, sortent moins et achètent donc plus de postes de télévision.

L'insécurité dans les grandes villes augmente, ce qui explique le succès du gardiennage et du blindage.

Les répondeurs téléphoniques et les télécopieurs se vendent également très bien en France. Ceci peut s'expliquer par les progrès technologiques, mais aussi par le besoin de communiquer que peuvent ressentir beaucoup de gens seuls.

10. Il est désormais plus intéressant de vendre des répondeurs téléphoniques et des télécopieurs que des ordinateurs.

11. Comme l'explique le texte 6, on peut demander des dommages et intérêts.

12. Charles Darrow a fait fortune en inventant le jeu du « Monopoly », connu dans de nombreux pays.

p. 150

C 1. s'enrichir / b. s'appauvrir
2. un bénéfice / a. une perte
3. envisageable / a. impossible
4. l'audace / c. la timidité
5. se reprocher / a. se féliciter
6. louper / b. réussir

D Trois documents authentiques sont présentés ici.

Photo 1 : la feuille de déclaration d'impôts sur les revenus (accompagnée de la notice explicative) que tous les Français doivent remplir chaque année. Ils doivent y faire apparaître le montant total des salaires perçus au cours de l'année, les autres revenus possibles (biens immobiliers...) et peuvent déduire certaines charges telles que les frais de déplacement dans le cadre de l'activité professionnelle, les frais de garde d'enfants... En fonction des chiffres mentionnés, et selon un barème, la direction des impôts déterminera le montant de la somme à payer pour l'année.

Note :

– On distingue en France, les impôts sur les revenus annuels et les cotisations sociales versées mensuellement, d'une part par le salarié et d'autre part par l'employeur (sécurité sociale, assurance chômage, etc.). Par ailleurs, diverses taxes sur certains produits de consommation sont à régler une fois par an : redevance télévision, vignette automobile...

Photo 2 : un couple, en compagnie d'un agent immobilier, signant le contrat de vente d'un pavillon qu'ils viennent d'acquérir. Le rêve de beaucoup de Français est de devenir propriétaire de son logement. De plus en plus de « zones pavillonnaires » se construisent aux abords des grandes villes.

Photo 3 : une séance de la Bourse de Paris où se négocient les valeurs mobilières ou les marchandises. De nombreuses personnes sont présentes pour conclure des opérations sur ces valeurs ou simplement pour constater leur cours.

Chacun pourra s'exprimer et trouver les différences qu'il peut percevoir entre les comportements et les valeurs des Français et ceux de son peuple.

Par sa tradition, la culture française est plutôt hostile à l'argent. Mais, bien qu'il fût longtemps absent des conversations des Français, il ne l'a jamais été de leurs préoccupations. Depuis les années 50 et l'émergence d'une société matérialiste et individualiste, l'argent est au centre de son fonctionnement. Gagner de l'argent est devenu une ambition légitime, que ce soit en travaillant, en jouant ou en héritant.

Quant à la consommation, en 1993, les Français ont dépensé 87 % de leur revenu disponible, contre 82 % en 1981. Chaque ménage a dépensé 195 000 F pour sa consommation (75 000 F par personne). *Cf.* tableau ci-dessous : « évolution de la structure de la consommation des ménages ».

Le logement avant l'alimentation

Évolution de la structure de la consommation des ménages (coefficients calculés aux prix courants, en %) :

	1959	1970	1980	1993	2000*
• Produits alimentaires, boissons et tabac	36,0	26,0	21,4	18,6	16,5
• Habillement (y compris chaussures)	9,3	9,6	7,3	6,0	5,1
• Logement, chauffage, éclairage	9,3	15,3	17,5	21,1	19,0
• Meubles, matériel ménager, articles de ménage et d'entretien	11,2	10,2	9,5	7,5	8,7
• Services médicaux et de santé	6,6	7,1	7,7	10,3	16,4
• Transports et communication	9,3	13,4	16,6	15,9	15,7
• Loisirs, spectacles, enseignement et culture	5,4	6,9	7,3	7,5	8,6
• Autres biens et services	12,7	11,5	12,7	13,0	10,0
CONSOMMATION TOTALE (y compris non marchande)	100,0	100,0	100,0	100,0	100,0

* Prévisions.   INSEE.

La lecture de ce tableau devrait permettre d'élargir la discussion.

p. 151 *Repères*

Note :

– *Eddy Mitchell :* chanteur de rock français qui a su garder sa popularité intacte depuis le début de sa carrière dans les années 60 (son véritable nom est Claude Moine).

Ⓐ dessin 1 : couplet 4 / dessin 2 : couplet 2 / dessin 3 : couplet 3 / dessin 4 : couplet 1

Ⓑ 1. à crédit : **avec paiement différé**

2. en prime : **en cadeau**

3. les impôts : **les taxes**

4. prélevé : **retenu**

5. un chèque en bois : **sans provisions**

6. mettre de l'argent de côté : **économiser**

7. une quittance : **une dette**

Note :

– *Chèque en bois de peuplier :* chèque sans provisions, c'est-à-dire qu'il n'y a pas assez d'argent sur le compte de la personne qui émet le chèque pour payer son destinataire. Il y a ici un jeu de mots avec

« bois de peuplier » : le peuplier est un bois blanc et il existe, en français, l'expression « chèque en blanc » ; le tireur signe le chèque sans indiquer la somme à payer ; donner un chèque en blanc à quelqu'un revient à lui laisser carte blanche quant au montant du chèque.

Ⓒ 1. Non, cet homme n'achète que des choses chères dont il pourrait très bien se passer.

2. Il n'en a pas les moyens ; il dit lui-même qu'il n'a pas d'argent sur son compte en banque (compte bancaire léger, chèques en bois) et qu'il est incapable de faire des économies (dernier couplet).

3. Pour cet homme, ce qui importe avant toute chose est d'acheter et de pouvoir montrer ses biens. Il semble très fier de sa voiture très sophistiquée, ainsi que de ses nombreux appareils électroménagers. C'est une victime résignée à la fois de la société de consommation dans laquelle nous vivons et du dangereux système du crédit.

1. Le plus-que-parfait

p. 152

A 1. a inventé   a. passé composé
2. pouvait   b. imparfait
3. avait achetés   c. plus-que-parfait

Le plus-que-parfait : auxiliaire **avoir** ou **être**
à **l'imparfait** + **le participe passé** du verbe.

B 1. Il était là, je ne l'avais pas vu !
2. Ils ont dû arrêter parce qu'ils avaient assez travaillé.
3. Tu as oublié de venir hier soir, pourtant tu me l'avais promis.
4. J'ai voulu revoir ce film que j'avais déjà vu et je n'ai pas été déçu !
5. Chic, j'ai son adresse ; je ne me souvenais plus qu'il me l'avait donnée.
6. Il était tard et les enfants n'étaient pas encore rentrés.

C **Note :**
– *Le fou vivre* (publicité, Club Med) : jeu de mots avec « le fou rire ». On dit de quelqu'un qu'il a un fou rire quand, pour des causes qui peuvent être diverses, il est pris d'un rire nerveux et peut difficilement s'arrêter. Ici, le fou vivre se rapproche donc de quelque chose de très gai et symbolise également l'évasion (vivre comme un fou, comme on le désire...).

Verbes à l'imparfait :
allaient, était, savait, était, aimait.
Verbes au passé composé :
j'ai réépousé, je l'ai réépousée.
Verbes au plus-que-parfait :
j'avais épousé, j'avais oublié (ma femme), j'avais oublié (que...), j'avais oublié (qu'elle...).

p. 153

D Le plus-que-parfait exprime **une action qui se passe avant une autre action dans le passé (c).**

E Enfin, la banque nous a accordé le prêt de 500 000 F que nous lui avions demandé pour l'achat de notre maison. Ça a été très long : avant, nous **avions** tout d'abord **pris** un premier rendez-vous avec notre banquier. Là, **nous avions fixé** ensemble le montant du prêt et **nous avions** aussi **essayé** de trouver d'autres moyens pour obtenir l'argent qu'il nous fallait. Après quelques semaines, nous **avions eu** un nouvel entretien avec le banquier et **nous avions** ensuite **réfléchi** tranquillement pendant quelques jours aux conditions proposées. Pour finir, nous **avions établi** le dossier de demande de prêt et après tout cela, il ne nous restait plus qu'à attendre patiemment...

2. Les temps du passé

A 1. Quand j'étais petit, **nous allions** au cinéma une fois par semaine.
2. Au concert de Patrick Bruel, **j'ai vu** des gens que je **connaissais**.

3. Nous **avons dîné** dans le restaurant que tu nous **avais recommandé**.
4. Tu n'**as pas écouté** l'explication, et maintenant tu ne sais pas faire l'exercice...
5. Christophe a téléphoné chez moi pendant que je **faisais** mes courses.
6. James Dean **était** très jeune quand il **est mort**.

p. 154

B Il y a eu un beau soleil tout l'après-midi mais nous **étions** dans cette période de l'année où la nuit tombe vers cinq heures. Ansart a voulu que nous allions déjeuner dans son restaurant. Il **était situé** un peu plus au nord du seizième arrondissement, rue des Belles-Feuilles. Ansart, Jacques de Bavière et Martine **sont montés** dans une voiture noire et nous les **avons suivis** à travers les rues vides du samedi.

– Tu crois qu'on peut lui rendre le service qu'il nous **a demandé** ? ai-je dit à Gisèle.

– Ça ne nous engage à rien...

– Mais à part ce restaurant, tu ne sais pas quel genre de métier il exerce ?

– Non.

– Ce serait intéressant de le savoir...

– Tu crois ?

Elle **a haussé** les épaules. À un feu rouge, boulevard Suchet, nous les **avons rejoints**. Les deux voitures **attendaient** côte à côte. Martine **était assise** à l'arrière et elle nous **a souri**. Ansart et Jacques de Bavière **étaient absorbés** par une conversation très sérieuse. D'un mouvement de l'index, Jacques de Bavière **a jeté** la cendre de sa cigarette par la vitre à moitié baissée.

– Tu **es** déjà **allée** dans son restaurant ?

– Oui, deux ou trois fois. Tu sais, je ne les connais pas depuis très longtemps...

En effet, elle ne les **connaissait** que depuis trois semaines. Rien ne nous **liait** à eux d'une manière définitive, à moins qu'elle me cachât quelque chose. Je lui **ai demandé** si elle **avait l'intention** de continuer de les fréquenter. Elle m'**a expliqué** que Jacques de Bavière **avait été** très gentil avec elle et qu'il lui **avait rendu** service dès leur première rencontre. Il lui **avait** même **prêté** de l'argent.

– Ce n'est pas à cause d'eux que tu **as été interrogée** par la police l'autre jour ?

Cette idée m'**avait** brusquement **traversé** l'esprit.

– Mais non. Pas du tout.

D'après Patrick Modiano, *Un cirque passe*, Gallimard, 1952.

3. Exprimer l'antériorité / la postériorité

A

	D'abord...	Ensuite...
1	J'ai envoyé ma lettre.	L'annonce a paru.
2	Ils ont prévenu la famille.	Ils ont appelé les pompiers.
3	Il a liquidé ses affaires.	Il est parti.
4	Elle a entendu la nouvelle.	Elle a ri aux éclats.
5	Il faut réfléchir.	On peut parler.

p. 155 **B** a. Ils ont avoué la vérité juste après son départ. → témoignage f

b. Avant de découvrir le monde, je veux étudier. → témoignage c

c. Après son hospitalisation, elle se sentait très faible. → témoignage d

d. D'abord ils ont avoué la vérité, ensuite elle est partie... → témoignage b

e. Une fois que tu auras lu la notice, tu n'auras plus de problème ! → témoignage a

f. Après avoir crié, nous nous sommes expliqués ! → témoignage e

C 1. **Avant** de partir, vérifie que tu as bien fermé la porte à double tour.

2. Elle a sangloté **après** avoir écouté le récit de l'accident.

3. **D'abord** vous écoutez, **ensuite** vous ferez l'exercice.

4. Vous voulez me voir **avant** que je parte ?

5. C'est dommage, vous êtes arrivé juste **après** le discours du directeur.

6. Je crois qu'il faut **d'abord** bien connaître les faits **avant** de juger.

7. J'aurai plus de renseignements **après** qu'ils m'auront transmis la lettre.

8. J'aimerais partir **avant** la nuit.

D 1. Je suis retournée au Brésil **après avoir vu tout le monde ici**.

2. Elle a fait ce voyage **qu'elle avait d'ailleurs prévu**.

3. Il faut d'abord remplir ce formulaire **puis vous devrez payer vos réparations**.

4. Elle est partie **après avoir dîné**.

5. Je me lave les dents **avant de me coucher**.

6. Je monterai dans ma voiture **puis, j'attacherai ma ceinture de sécurité**.

p. 156 **E** Propositions de réponses :

1. Avant que le professeur arrive, je discute un peu avec mes amis mais ensuite, je travaille !

2. Avant de me coucher, je bois toujours un verre de lait, puis je m'endors après m'être lavé les dents.

3. J'embrasse toute ma famille avant de quitter la maison le matin.

4. D'abord je lui souris... ensuite, j'attends...

5. Après avoir vu un film, je n'aime pas du tout en parler ; je préfère en discuter quelques jours après.

6. J'embarque après m'être renseigné(e) sur la météo.

7. Tout d'abord je salue, ensuite je dis ce que je veux après que quelqu'un s'est approché de moi pour me le demander.

8. Après une longue journée de travail, j'aime me reposer en lisant un bon roman.

4. Le courrier administratif

A a. annoncer une réponse positive. /

b. faire une proposition. lettre 1

c. signifier une interdiction. lettre 2

d. demander un rendez-vous. lettre 3

e. formuler un avertissement. lettre 3

f. fixer une date limite. lettre 2

Notes :

– « *Nous n'avons plus convenance...* » (lettre 2) : signifie que la banque n'est plus favorable, n'est plus d'accord pour laisser à cette personne un chéquier et des cartes de paiement, puisqu'il en fait mauvais usage.

– *Les instruments de paiement :* les outils, les moyens de paiement (cartes de crédits, chéquiers).

– *Un découvert en compte* (lettre 3) : on utilise cette expression quand une personne a fait des chèques d'un montant total supérieur à la somme dont il dispose à la banque (elle est « à découvert »). En général, la banque accepte de combler les petits « découverts », mais jusqu'à une certaine limite seulement...

– Au-delà de la limite fixée avec le banquier (la limite convenue), la personne doit s'empresser de réapprovisionner son compte, sans quoi elle devra payer des pénalités.

– *Un entretien :* une discussion.

– *Proche :* (dans le temps), le banquier espère que son client va très rapidement prendre rendez-vous pour un entretien.

p. 157 **B**

	vrai	faux	?
1.	3	2	
2.	2 - 3		
3.	3	2	
4.	2		3
5.	3	2	
6.	2	3	
7.	3	2	

C 1. **Lettre 2 :** « *Nous avons le regret de vous informer que...* » → le banquier est désolé d'annoncer une mauvaise nouvelle à son client (sa carte de crédit et son chéquier vont lui être retirés).

Lettre 3 : « *Nous vous demandons, en consé-quence, de prendre vos dispositions pour que...* » → le banquier prie sa cliente de réparer son erreur, de réalimenter son compte qui est à découvert.

2. Lettre 1 : *Recevez, Monsieur, mes sincères salutations.*

Lettre 2 : *Veuillez agréer, Monsieur, l'expression de nos salutations distinguées.*

Lettre 3 : *Nous vous prions d'agréer, Made-moiselle, l'expression de notre considération.*

La première formule semble plus chaleureuse que les deux suivantes. Le chef d'agence parle en son nom propre (*mes* sincères salutations) et non au nom de la compagnie bancaire comme c'est le cas dans les deux autres lettres. Cela rend la lettre 1 plus chaleureuse, les deux suivantes restant très impersonnelles et formelles. Cela peut s'expliquer par les raisons mêmes de ces lettres : les lettres 2 et 3 formulent interdiction et avertissement, alors que dans la lettre 1, monsieur Hennig est simplement invité à retirer sa nouvelle carte de crédit. On peut supposer que le banquier n'a rien à reprocher à ce dernier.

Ce qui est commun aux trois formules de politesse :
– on demande de *recevoir* ou *d'agréer*, des salutations ou l'expression de...
– L'appellation utilisée dans l'entête est toujours présente dans la formule de politesse, entre virgules : Veuillez agréer, *Monsieur*, l'expression.../ Nous vous prions d'agréer, *Mademoiselle*, l'expression de...

p. 158 **D**

Christine Dutheil
29, rue de la Serpe
53000 Mayenne

Mayenne,
le 28 octobre 1995

Société X
22, avenue de l'Europe
53000 Mayenne

Monsieur le Directeur,
Voilà maintenant trois ans que je suis au service de votre société, dans laquelle j'ai eu l'occasion d'occuper différents postes.
Or, mon salaire est resté le même tout au long de ces trois années.
Par conséquent, je vous prie de bien vouloir réévaluer ces revenus qui me semblent inférieurs à mes compé-tences et au travail que je fournis dans votre société.
En vous remerciant d'avance, je vous prie d'agréer, Monsieur, l'expression de mes sentiments dévoués.

C. Dutheil.

Les trois erreurs de présentation sont soulignées. Dans cette lettre, il manque le nom et l'adresse de l'entreprise à qui C. Dutheil écrit, il manque également le lieu et la date, elle écrit « Monsieur le Directeur » sans lettre majuscule à l'initiale.

Proposition de reformulation des deux phrases inacceptables : il s'agit des deux dernières phrases. *Alors, j'aimerais bien...* est trop abrupte → *Par conséquent, je vous prie de bien vouloir réévaluer ces revenus qui me semblent inférieurs à mes compétences et au travail que je fournis dans votre société.*

Pour ce type de demande, l'auteur de la lettre a tout intérêt à argumenter sur le(s) service(s) rendu(s) à la société à l'aide d'exemples concrets. La formule de politesse est trop amicale (*cordiales salutations*), compte tenu qu'il s'agit d'une employée qui s'adresse à son directeur → *En vous remerciant d'avance, je vous prie d'agréer, Mon-sieur, l'expression de mes sentiments dévoués.*

Erreurs de ponctuation : dans l'entête *Monsieur le Directeur* doit être suivi d'une virgule. De même que dans la formule de politesse, il manque une virgule entre *accepter* et *Monsieur*.

p. 159 **E** Cet exercice a pour but de sensibiliser les apprenants aux différents registres de langue : à gauche, la langue orale et à droite, le même mes-sage exprimé par écrit dans un style soutenu.
1c – 2g – 3j – 4b – 5i – 6a – 7h – 8d – 9e – 10f.

Savoir-Faire

Proposition de lettre en réponse à la lettre n° 3 (page 157) :

Pascale Capon
13, rue des Tilleuls
26000 Valence

Valence, le 28 juin 1995

BNC
140, Bd Maréchal Foch
26000 Valence

Monsieur,
J'ai bien reçu votre lettre du 26 juin m'informant que mon compte présentait un découvert dépassant les limites convenues.
Il est vrai que j'ai en ce moment quelques soucis d'ordre professionnel. En effet, ma société, en difficulté, a dû proposer à ses salariés une nette réduction du temps de travail pour le mois de mai dernier. Je vous prie donc d'être indulgent, et je m'engage à rétablir la situation de mon compte dans les plus brefs délais.
En vous remerciant de votre compréhension, veuillez accepter, Monsieur, l'expression de mes meilleurs sentiments.

P. Capon

Repères

A 1. Valéry Giscard d'Estaing a été le président de la République française de 1974 à 1981.

2. François Mitterrand a été élu président de la République française en 1981 et en 1988.

3. En France, le mandat présidentiel dure sept ans.

4. Le SMIC est le salaire minimum qu'un employé peut percevoir. Il était d'environ 6 000 francs par mois en 1994.

5. Le RMI est une allocation versée aux personnes de 25 ans et plus qui sont sans ressources.

6. Une réforme familiale : 1974, l'adultère n'est plus un délit / loi du divorce par consentement mutuel.
une réforme civique : 1974, la majorité est à 18 ans (et non plus à 21 ans).
une réforme sociale : 1988, instauration du RMI par Michel Rocard.

p. 161 **B**

Communication	Médecine
les publiphones	les lentilles de contact
le minitel	la péridurale
le bi-bop	le laser
le câble	

Consommation	
la carte bleue	
le loto	
la livraison à domicile	
le four à micro-ondes	
les produits sans marque	
le rasoir jetable	
la couche-culotte	
le code barres	

Urbanisme	Transport
le métro	la construction
la construction	de Roissy
de Roissy	l'automobile
les publiphones	le TGV
	le concorde

En ce qui concerne **la communication**, elle se fait désormais sans aucune difficulté ; on peut joindre quiconque à tout moment, quel que soit le lieu où il se trouve.

Dans le domaine de **la médecine**, l'apparition de cette maladie incurable qu'est le sida a évidemment modifié le comportement amoureux des Français. La péridurale et les lentilles de contact apportent un peu plus de confort aux malades ; quant à la découverte du laser, elle permet aux spécialistes de recourir à une technique de haute précision.

Toutes les facilités et les nouveaux produits apparus dans les vingt dernières années ont modifié le comportement d'achat des Français. On a la possibilité d'acheter une multitude d'articles et de recourir à de nombreux services, ce qui poussent ainsi à **la consommation**.

En matière d'**urbanisme**, la réalisation des deux œuvres mentionnées a modifié le paysage urbain, tout en donnant aux utilisateurs des moyens de transport leur facilitant grandement la vie. Une question peut se poser : faut-il développer les moyens de transport ou conserver intact l'environnement ?

Tous les moyens de **transport** cités ont contribué à améliorer les échanges et la communication, jouant donc un rôle certain dans le monde économique, commercial, industriel...

Notes (mots-clés) :

– *La bipolarisation* : le monde politique évolue suivant deux grands courants, la gauche et la droite. On peut pratiquement « classer » tous les partis existants dans l'un ou l'autre de ces courants. Seuls les partis écologiques se disent n'appartenir à aucune de ces tendances.

Les noms des hommes politiques mentionnés ici ont été sélectionnés pour être les plus connus ; cela ne signifie pas qu'ils dirigent actuellement ces partis.

p. 162 ## 5. *Quelques homophones grammaticaux*

A 1. Je ne **sais** pas ce que **c'est**.

2. **Ces** comptes sont faux ; Paul **s'est** trompé dans **ses** calculs.

3. Elle ne **sait** pas encore que **ses** propositions sont acceptées ; **c'est** bien !

4. Quel bruit ! **c'est** sûrement une assiette qui **s'est** cassée !

5. Elle **s'est** promenée seule dans **ces** rues désertes !

B 1. Donnez-moi **ce** poulet, s'il vous plaît.

2. Je n'aime pas du tout **ceux** qui sont ici.

3. **Ce** que vous dites m'intéresse beaucoup.

4. **Ce** gentil bébé doit maintenant **se** reposer.

[s]
se (pronom personnel) → se reposer
ce (adjectif démonstratif) → Ce musée est magnifique.
ceux (pronom démonstratif) → Ceux qui sont ici.

C 1. Je ne pensais pas **qu'elles** étaient Argentines.

2. Il faut **qu'elle** me téléphone le plus vite possible.

3. Dites-moi **quels** sont vos projets.

4. Demandez-leur **qu'elles** arrêtent de faire tout ce bruit !

5. **Quelle** élégance !

6. **Quelle** rue faut-il prendre ?

7. **Qu'elle** est mignonne cette petite ! Je ne savais pas **qu'elle** était aussi belle.

8. Rue Saint-Sulpice, oui, mais à **quel** numéro ?

[kɛl]
quel (adjectif) → *quel numéro*
quels → *quels projets*
quelle → *quelle élégance*
quelles → *quelles adresses*
qu'elle (pronom relatif ou conjonction + pronom personnel)
→ *... qu'elle me téléphone.*
qu'elles → *... qu'elles étaient Argentines.*

p. 163 **D** 1. Elle ne **peut** pas maintenant, mais elle viendra dans **peu** de temps.

2. Tu **peux** lui en donner un petit **peu** ?

3. Il se **peut** qu'il neige cette nuit...

4. Aujourd'hui **peut**-être ou alors demain.

5. Jean-Jacques **peut** l'aider un **peu**.

[pœ]
peu (adverbe) → *peu de temps*
peux, peut (verbe pouvoir) → *je, tu peux / elle peut*

E *Cf.* Transcription, page 199.

SÉQUENCE 3

L'AMOUR, TOUJOURS...

Cette séquence va présenter des activités diverses autour du thème de l'amour. Il sera question de relations entre hommes et femmes, de mariage et d'union libre, de bonnes manières et... de poésie. On découvrira quelques chefs-d'œuvre de la littérature française et l'on pourra même essayer de composer un poème d'amour.

Notes :
Guy Bedos et Sophie Daumier ont été mari et femme et interprétaient des duos comiques. Depuis leur séparation, il y a quelques années, Guy Bedos continue seul sa carrière. Il fait toujours rire les Français en mettant le doigt sur les aberrations de notre société, de la politique nationale et internationale... Il ironise sur l'actualité avec un humour très fin et à la fois caustique. (*Cf.* la transcription, page 199) :
– *Si la vie était un jeu radiophonique :* par ce titre, l'auteur veut à la fois tourner en dérision les rapports entre les hommes et les femmes (un jeu) et aussi montrer, par les signaux utilisés (cloche et klaxon), qu'en fait, beaucoup de comédie voire d'hypocrisie, se cachent derrière ce type d'échange. Si la vie était un jeu radiophonique tel que celui-ci, on pourrait mieux comprendre l'intention dissimulée dans chaque réplique.
– *Une BD :* une bande dessinée.
– *Vi vi vi :* manière un peu timide voire stupide de dire « oui, oui ».

– *Les textofilatures intermédiaires :* l'homme travaille vraisemblablement dans une filature de textiles. On peut imaginer que le nom compliqué qu'il utilise ici ne désigne rien d'autre, mais il veut donner de l'importance à son travail pour être plus sûr d'impressionner la jeune femme.
– *Il prendrait ma main dans le nez :* expression imagée qui pourrait être remplacée par « je le giflerais. »
– *« Je ne suis pas du genre qui s'allonge pour une augmentation » :* à travers cette expression familière, la jeune femme veut dire qu'elle n'appartient pas à la catégorie des femmes qui sont capables de passer une nuit avec leur patron dans le but de recevoir une augmentation de salaire.
– *Mutin :* d'humeur taquine, qui aime à plaisanter.

p. 164 **A** Propositions de réponses :

1. Moi ? Non (Vous êtes marié) → oui, et j'ai deux enfants.

2. Je suis le président → j'ai quelques responsabilités.

3. Enfin, pour dire la vérité, son homme de confiance → enfin, son secrétaire.

4. Ou au concert → ou dans les grands magasins.

5. Les concerts engagés → les concerts de variétés (de chanteurs français à la mode).

6. Il m'a jamais regardée → il ne regarde que moi.

7. Il m'a jamais touchée → mais, il a essayé de m'embrasser.

8. Je ne suis pas du genre qui s'allonge pour une augmentation → pour une augmentation, je suis prête à tout.

9. Oh là là, non, alors → pourquoi pas, si elle est jolie ?

10. Quelque chose de difficile, si je trouve → les films divertissants ; je ne vais pas au cinéma pour réfléchir !

11. Il est beau → il est laid...

12. jeune → il a 65 ans.

13. fauché → il est riche, même très riche...

14. 46-28... Euh... 09... 03 → 46-28-32-19, par exemple (n'importe quel numéro est acceptable).

B 1. Il ment sur sa vie professionnelle et sur sa vie privée.

2. Il s'invente un meilleur travail pour se donner de l'importance et aussi pour faire croire qu'il a un très bon salaire dans le but d'impressionner la jeune femme et même de lui plaire...

3. Elle ment sur son âge (elle se rajeunit), sur ses activités « culturelles » et sur ses relations avec les hommes.

4. Il semble qu'elle ait besoin de prouver qu'elle est toujours très jeune et qu'elle peut encore plaire aux hommes. Elle veut aussi montrer qu'elle a des activités plus intellectuelles que celles qu'elle a en réalité, cela

pour se donner une importance qu'elle n'a pas. Elle essaie d'être moins « ordinaire ».

5. Chacun des deux personnages a envie de plaire à l'autre.

Suggestion :

Dans la transcription du dialogue (page 199), on peut trouver des indications scéniques. Il serait intéressant de faire mettre en scène le dialogue par petits groupes d'apprenants. On pourrait proposer, après l'exercice B, une activité de simulation du dialogue – sans bien sûr réemployer les mêmes termes – mais en gardant seulement l'idée et en respectant la mise en scène. Au-delà de l'aspect ludique, cela constitue un excellent exercice de reformulation et de transposition.

On peut également proposer de simuler une situation identique : « *par groupes de deux, improvisez des situations dans lesquelles chacun des deux personnages trichera sur sa vie, dans le but de séduire l'autre.* » Après une dizaine de minutes de préparation, chaque groupe sera invité à dramatiser son dialogue devant les autres étudiants qui évalueront ensuite la prestation. Là encore, il est bon d'insister sur la mise en scène et la gestuelle. Ces activités serviront de tremplin à l'exercice suivant.

p. 165

1. Suggérer, regretter

 suggérer, proposer : n° 2
regretter : n° 1

Note :

– *Une pénichette :* une petite péniche. À la fin des années 1980, s'est développé le tourisme fluvial (sur les fleuves et les canaux de France) accessible à tous puisqu'il n'est pas nécessaire de posséder un permis bateau pour ce type de navigation.

B

	1	2	3	4	5	6	7	8
Suggérer	X	X		X		X	X	X
Proposer			X		X			

Note :

– *Un petit pastis bien frais* (phrase 8) : le pastis est une boisson alcoolisée à base d'anis que l'on boit en apéritif surtout dans le sud de la France.

C 1. c – 2. b – 3. b – 4. a – 5. b – 6 a.

p. 166

D un regret : n° 1, 2, 5
une suggestion ou une proposition : n° 3, 4, 6

E Propositions de réponses :

Suggérer, proposer
Vous devriez en parler au médecin. Ce serait peut-être bien de lire ce livre. Ça te dirait de partir quelques jours en vacances ? Ça vous plairait d'aller là-bas ?

Regretter
Si j'avais su, je n'aurais rien dit. S'il n'avait pas été là aujourd'hui, j'aurais été triste, Il n'aurait pas fallu y aller.

F **Le conditionnel passé** se forme avec : l'auxiliaire **avoir** ou l'auxiliaire **être** au **conditionnel** présent + le **participe passé** du verbe. Exemple : *Tu **aurais dû** m'en parler.*

2. Exprimer l'hypothèse et la condition

A si + verbe à **l'imparfait** + verbe au **conditionnel présent**.

« Si la vie était un jeu radiophique, *on pourrait s'amuser plus souvent...* »

« Vous auriez une vie de rêve, *si vous étiez milliardaire.* »

p. 167

B si + verbe au **plus-que-parfait** + verbe au conditionnel passé.

« D'ailleurs s'il **essaie** (essaye) il **prendra** *ma main dans le nez et ça lui **coûtera** cher.* »

C 1 : la condition a peu de chance de se réaliser
2 : la condition la moins réalisable
3 : la condition la plus envisageable

D 1. – Frédérique était à Paris la semaine dernière.

– Ah bon, si je l'**avais su** avant, je serais venu la voir ! Tu n'es pas très gentille, Sophie, tu **aurais pu** me le dire. Maintenant c'est trop tard !

– Je te connais, si je te l'avais dit trop tôt, tu **aurais oublié**.

2. – S'il fait beau demain, on **ira** se promener en forêt ?

– D'abord, il va pleuvoir demain, et puis, même s'il faisait beau, je n'**irais** pas en forêt mais je **terminerais** mon travail.

– Si on y **va** tous, tu viendras bien quand même !

3. – Si tu pouvais vivre dans une autre époque, laquelle **choisirais**-tu ?

– J'**aimerais** beaucoup revenir au XVIe siècle ; je **vivrais** dans un château de la Loire, je **serais** à la cour de François Ier... Ça me **plairait** beaucoup. Et toi ?

– Moi, si j'avais pu, j'**aurais vécu** à l'époque des Carolingiens.

Note :

– *Les Carolingiens :* famille franque qui succéda aux Mérovingiens (751) avec Pépin le Bref et réssuscita l'Empire d'Occident de 800 à 887 (sous Charlemagne notamment). Ses derniers représentants régnèrent en Germanie jusqu'en 911 et en France jusqu'en 987.

E Propositions de réponses :

1. Si tu viens demain, *nous te montrerons les photos de nos vacances aux sports d'hiver.*
2. Je ne serais sûrement pas venue, *si j'avais su que ton frère était là.*
3. S'il le fallait, *nous partirions plus tôt.*
4. Si vous *pouviez,* je suis sûre que vous l'aideriez.
5. Si elle avait pu, elle *t'aurait téléphoné ; j'en suis certain.*
6. C'est promis, je t'appellerai si *j'ai mes résultats.*
7. Il réussira *s'il décide de travailler plus sérieusement.*
8. Il sait bien que je ne dirai rien, même si *on me le demande.*
9. Si nous avions pu imaginer cela, nous *aurions modifié nos projets.*
10. J'irais avec plaisir si *on m'invitait.*

p. 168 **F** Propositions de réponses :

– Si + présent + futur → la condition est réalisable.
Si le temps le permet, nous irons à la plage.
– Si + imparfait + conditionnel présent → la condition a peu de chances de se réaliser.
Si elle en avait la possibilité, elle quitterait Paris.
– Si + plus-que-parfait + conditionnel passé → la condition ne peut pas se réaliser.
Si mon père avait pu, il t'aurait aidé.

Savoir-faire

Propositions de réponses :
– Qu'aurais-tu fait si tu avais pu avoir une influence politique ou sociale sur ton pays ? → J'aurais certainement essayé *d'aider les plus défavorisés...*
– Si tu étais une personne célèbre, qui serais-tu ? → Je serais *le commandant Cousteau.*
– Si tu as un jour la possibilité d'aller au bout du monde, où iras-tu ? → Je pense que je choisirai *l'Australie car c'est un pays qui m'a toujours attiré(e)...*

Idées de questions supplémentaires :
– *Que ferais-tu si tu trouvais une très grosse somme d'argent ?*
– *Qu'aurais-tu répondu si, dans la rue, un journaliste t'avait demandé de chanter pour une émission de télévision ?*
– *Qu'est-ce que tu feras quand tu parleras bien français ?*

Repères

A Cette question sert à introduire le thème des « bonnes manières » entre hommes et femmes. Les apprenants vont pouvoir donner leur opinion sur les rites sociaux.

B Chacun va essayer, grâce à ses expériences, ses connaissances ou simplement son intuition, de compléter le tableau suivant.

1. Faux.
2. Vrai.
3. Vrai.
4. Faux.
5. Faux.

p. 169 **C** La lecture du texte servira à infirmer ou confirmer les hypothèses émises dans le tableau de l'exercice B. Cet article extrait de *Marie-France* s'adresse exclusivement aux femmes (« Vous sortez avec *lui...* »).

Notes :
– *Le B.A.-BA :* les connaissances élémentaires, les bases (« ba » étant l'un des premiers sons de l'apprentissage de la lecture).
– *Code de la galanterie :* la galanterie s'applique aux hommes et signifie la politesse, la courtoisie à l'égard des femmes.
– *Par déférence pour sa cavalière :* par respect envers la personne qu'il accompagne.

Les questions à la suite du texte doivent permettre à chacun d'exprimer son opinion et de comparer les « bonnes manières » en France et dans son pays. Dans le cas d'un public de nationalités diverses, les échanges interculturels peuvent être intéressants, tant les différences sont importantes d'un continent à un autre et même d'une nation à une autre.

3. Quelques indéfinis

A 1. Oh c'est drôle, j'ai exactement les **mêmes** chaussures ! (adjectif variable)
2. J'ai appelé **plusieurs** amies, mais **aucune*** n'a répondu. (adjectif invariable – pronom variable)
3. Des ouvrages de philosophie ? Oui, j'en ai **quelques-uns.** (pronom pluriel variable)
4. **Tous** les étudiants doivent faire cet exercice, mais **chacun** à son rythme. (adjectif variable – pronom singulier variable)

*aucun(e) peut être aussi adjectif : Aucun homme n'est entré.

p. 170 **B** 1. Elle fait de la gymnastique **tous** les matins.
2. **Chacun** pense ce qu'il veut, mais moi, je ne suis pas d'accord.
3. **Chaque** jour c'est la **même** chose : métro, boulot, dodo...
4. Une **certaine** madame Lore m'a téléphoné pour un sondage sur la télévision.
5. Il faut essayer de compléter **toutes** les phrases.
6. J'ai reconnu **quelques** professeurs à cette réunion, mais ils étaient peu nombreux.

7. Je trouve **tous** les films de Polanski excellents, vous pouvez donc voir **n'importe lequel**.

8. Courir que **quelques** kilomètres, j'en suis capable, mais 20, ça c'est une **autre** histoire...

9. Puisque **personne** ne veut venir avec moi, j'irai un **autre** jour.

10. **Chaque** participant a un livre, alors nous pouvons commencer la conférence.

C Propositions de réponses :
– **La plupart** des jeunes sont préoccupés par leurs relations avec les **autres** personnes de leur âge.
– **Quelques-uns** seulement auraient aimé manifester en Mai 68.
– Pratiquement 50 % des jeunes interrogés souhaitaient la victoire de la droite ou de la gauche aux dernières élections législatives. Presque **tous les autres** espéraient une victoire des écologistes.
– **Certains** de ces jeunes connaissent une personne séropositive ou malade du sida, mais **la plupart** pensent qu'ils ne peuvent pas être atteints par cette maladie. Seulement **quelques-uns** pensent qu'ils ne sont pas à l'abri de la maladie.

Notes :
– *Les fringues* (haut de la colonne de gauche) : nom familier pour désigner les vêtements.
– *Les hippies* (milieu de la colonne de droite) : ce mouvement de jeunes est né à la fin des années 60. Les hippies prônaient l'amour et la paix et rejetaient toute forme de violence. Ils portaient les cheveux longs, des vêtements à fleurs et fumaient des drogues hallucinogènes.
– *Les golden boys :* aux États-Unis ce sont les jeunes, qui, dans les années 80 où la bourse était très fluctuante, ont réussi à faire fortune.

4. Parler d'amour

p. 171

Note :
– *Paul Éluard* (1895-1952) : poète français qui participa à la création du mouvement surréaliste. Il fut également un des poètes de la Résistance.

B Avant de faire raconter l'histoire oralement, on pourra proposer un questionnaire de ce type, afin d'élucider un peu le sens du poème.

1. Quelle est l'intention du poète contenue dans « Que voulez-vous » ? Veut-il :
a. expliquer / b. se justifier / c. interroger

2. Retrouvez les circonstances qui ont poussé les deux personnages à s'aimer.
a. le moment et l'endroit
– Il faisait jour et le soleil brillait.
– Il faisait nuit et les soldats bloquaient la ville.
– Il faisait nuit et la ville était tranquille.
b. l'état de la femme
– Elle était fatiguée.
– Elle était amoureuse.
– Elle avait faim.

c. la situation des deux personnages
– Sortir aurait été dangereux pour eux.
– Ils étaient trop épuisés pour sortir.
– Ils avaient décidé de rester là pour s'aimer.

L'histoire : Ce poème a été écrit en 1943, période de guerre. C'est l'histoire d'un homme (le poète) et d'une femme, qui, en raison de l'occupation de la ville dans laquelle ils vivaient, ne pouvaient pas sortir sans être en danger. En outre, ils n'avaient pas d'arme et se voyaient contraints de rester à l'intérieur. La femme avait faim et ils n'avaient sûrement rien à manger ; la nuit tombait... Éluard prend ces deux derniers éléments comme prétexte pour expliquer qu'ils ont fait l'amour, comme pour se justifier, s'excuser de cela.

C Ce poème est composé de 8 vers de 10 pieds (décasyllabes).
Exemple : Que / vou / lez / vous / la / porte / é / tait / gar / dée

D Il s'agit là, non plus du rythme du poème (de la cadence), mais des rimes (des sonorités).
1d : L'Été je dors ou repose
      Sur ton herbe où je compose.
      (Pierre de Ronsard, 1524-1585, *Odes* II, 9)
2f : De peurs, de rigueurs, d'audaces,
      De cruautés et de grâces.
      (Rémy Belleau, 1528-1577, *La Bergerie*)
3a : Sans amour et sans haine
      Mon cœur a tant de peine.
      (Paul Verlaine, 1844-1896, *Romances sans paroles*)
4e : J'ai rêvé des amours divins,
      L'ivresse des bras et des vins.
      (Charles Cros, 1842-1888, *Le coffret de santal*)
5c : Ô triste, triste était mon âme
      À cause, à cause d'une femme.
      (Paul Verlaine, *Romances sans paroles*)
6b : Mon amant est parti pour un pays lointain
      Faites-moi donc mourir puisque je n'aime rien.
      (Guillaume Apollinaire, 1880-1918, *Alcools*)

E Propositions de réponses :
1. Dans ces bois et dans ces montagnes, *à l'heure où blanchit la campagne.*
2. Me plongeant dans tes yeux si bleus, *savourant ces moments merveilleux.*
3. Tu es parti un beau matin, *me laissant seul à mon chagrin.*

Savoir-faire

p. 172

Je n'y peux rien, tu es divine
Je n'y peux rien tu me fascines...
Je n'y peux rien, tu es si fine
Je n'y peux rien, toi si féline
Je n'y peux rien dans tes filets
Je n'y peux rien je suis tombé
Je n'y peux rien, suis prisonnier
Je n'y peux rien, laisse-moi t'aimer.

p. 173

Repères

A 1. Ils se marient moins et plus tard.

2. Pendant très longtemps, on se mariait pour obéir à une règle sociale. Le mariage était une « institution ». À présent, cette conception a pratiquement disparu, on se marie plutôt pour signifier un engagement profond.

3. La plupart des Français pensent que l'union libre est une autre façon de vivre en couple. Seulement 30 % blâment cette pratique. L'union libre est devenue « un mode de vie à part entière ».

4. L'union libre paraît plus égalitaire : il semble qu'aucun des concubins ne se sente des droits sur l'autre. Chacun existe dans son individualité, et pas seulement à travers le couple, indissociable. Autrement dit, chacun peut se sentir plus « libre » et autonome. Cette solution apparaît moins contraignante et plus souple : rien n'est institutionnalisé, si bien que du jour au lendemain, si le couple ne va plus, il peut se séparer facilement et rapidement, sans avoir à engager la procédure de divorce qui est longue et coûteuse. Beaucoup de jeunes qui vivent en union libre pensent qu'ils sont ensemble parce qu'ils s'aiment vraiment, alors qu'étant mariés, ils resteraient peut-être en couple simplement pour « obéir à l'institution ».

5. Le concubin type a entre 20 et 30 ans. Il est étudiant et habite dans une grande ville. Ceci peut s'expliquer ainsi : étant jeune et étudiant, cette personne n'a pas l'argent nécessaire pour fonder une famille. Il se mariera peut-être quand il aura fini ses études et quand il désirera avoir des enfants.

p. 174

5. Clin d'œil littéraire

Notes :

– *Roland Barthes :* critique et écrivain français (1915-1980). Il a analysé le système littéraire (*Le degré zéro de l'écriture,* 1953) et élaboré une sémiologie sociale (*Mythologies,* 1957 ; *Le système de la mode,* 1967).

– *Les lunettes noires :* on met quelquefois des lunettes noires pour ne pas montrer ses yeux, ses expressions, en bref, pour dissimuler ses émotions (chagrin, douleur). C'est en quelque sorte ce qui se produit ici pour les deux protagonistes. Le narrateur se demande s'il peut dévoiler son trouble et a quelque pudeur à le faire ; quant à « l'absent », il semble vouloir se cacher, se faire oublier et on pourrait imaginer qu'il puisse porter des lunettes noires pour ne pas qu'on le reconnaisse.

– *« Sa jeunesse lui fait du bruit, il n'entend pas » :* cette citation de Mme de Sévigné veut dire que la personne est en quelque sorte emportée par la fougue de la jeunesse, par le désir fort de vivre autre chose, de « tout changer ». C'est comme une voix qui le pousse, à l'intérieur de lui-même, et lui fait oublier le présent et les gens qui l'entourent (*il n'entend pas*).

– *Tous les actes du scénario d'attente :* cela traduit la nervosité du narrateur. Il veut dire qu'il passe successivement par toutes les émotions que l'on peut ressentir lorsque l'on attend quelqu'un : l'interrogation, l'inquiétude, le doute, la colère...

– *Sa propre structure :* son propre fonctionnement mental, sa façon de penser et d'appréhender les choses.

– *Un double discours :* ici, le narrateur hésite sans cesse entre les deux éventualités : avouer sa passion à l'autre ou, au contraire, lui cacher cet amour...

– *Le dire lyrique de ma « passion » :* le fait d'avouer, de verbaliser cette passion d'une manière « lyrique », c'est-à-dire avec beaucoup d'enthousiasme et d'émotion.

– *La tyrannie et l'oblation :* toujours dans ce terrible dilemme, le narrateur hésite entre avouer sa passion à l'autre au risque de le « tyranniser », de le faire souffrir par trop d'amour (*excès – folie*) et, lui offrir le silence (oblation : terme religieux qui signifie offrande), taire cette passion au risque de souffrir lui-même (*me faire mal – piège*).

– *Je tergiverse :* il est forcé de prendre des détours au lieu d'agir ou de conclure. Le narrateur est obligé de montrer *un peu* sa passion.

Proposition d'exploitation :

Après une lecture individuelle et silencieuse du texte, le professeur le lira à voix haute pour en permettre une meilleure compréhension. En effet, cet extrait peut apparaître difficile à la fois par son contenu (réflexion un peu philosophique sur un concept abstrait) et aussi par les termes utilisés.

On pourra ensuite poser une série de questions aidant à la compréhension :

1. De quoi est-il question dans ce texte ? (de la passion amoureuse)

2. Que décrivent chacune des deux parties du texte ? Donnez un titre à chacune de ces parties. (Le premier paragraphe décrit concrètement un scénario d'attente, pour arriver aux premières interrogations sur l'attitude à adopter dans une telle situation. Titre possible : une longue attente.

Dans le second paragraphe, il s'agit d'une réflexion sur l'amour et la passion. Titre possible : avouer ou souffrir ?).

3. Au milieu du premier paragraphe, l'auteur écrit : *que lui dirai-je ?* et énonce plusieurs solutions possibles (*cacher son trouble, le faire éclater agressivement, passionnément, délicatement...*). Laquelle de ces solutions vous semble convenir le mieux ? Et vous, que feriez-vous en de telles circonstances ? (réponse personnelle).

4. Pourquoi l'auteur parle-t-il de piège et de condamnation ? (Il est partagé entre le désir de crier sa passion au risque d'étouffer l'autre, alors qu'il ne lui veut que du bien, et celui de taire ces sentiments violents et par conséquent de souffrir encore. Il est pris dans ce piège, ne trouve aucune issue.)

5. Quelle attitude va-t-il adopter finalement ?
(Finalement, il va tergiverser, trouver une sorte
de compromis (montrer un peu sa passion), qui
ne peut convenir avec un sentiment aussi fort
que la passion.)

Puis quelques questions personnelles pouvant
entraîner une discussion :
– Avez-vous déjà vécu une passion ? Quelle a été
votre attitude ? La regrettez-vous ou referiez-
vous la même chose ?
– Aimeriez-vous vivre une passion ? Pourquoi ?
Quelle serait votre attitude ?
– Pensez-vous, comme l'écrit Roland Barthes, que
ce soit un piège, un sentiment ne pouvant entraîner que des souffrances ?... etc.

p. 175

6. Quelques homophones lexicaux

Ⓐ 1. [fõ] : font (verbe faire), fond (verbe fondre).
2. [kõt] : comte, compte, conte.
3. [su] : sou, sous.

4. [bõ] : bon, bond.
5. [kur] : cour, cours, court.

Ⓑ *Cf.* Transcription, page 200.

Ⓒ Les trois homophones sont :
– Caen (ville de Normandie) / quand (adverbe
de temps).
– car (véhicule de transport en commun) /
quart (le quart d'une heure = 15 minutes).
– Sète (ville du sud de la France) / sept (ici,
indique l'heure, les minutes).

Notes :
– *Vous débarquez :* langue familière ; en langue stan-
dard, cela pourrait se traduire ainsi : « Ah, vous venez
enfin de comprendre, ce n'est pas trop tôt... ».
– *Le débarquement :* ici, Raymond Devos fait allusion
au 6 juin 1944 date à laquelle les troupes alliées
débarquèrent sur les plages de Normandie.

SÉQUENCE 4

ÊTRE HEUREUX

Cette séquence, la dernière du manuel, porte sur
le thème du bonheur. On y découvrira différentes
conceptions du bonheur à travers l'objectif de
photographes. On y parlera aussi du monde francophone, de quelques personnages représentatifs
de la francophonie, de l'histoire de la langue française et de vocabulaire francophone. On appren-
dra à argumenter par écrit et on se distraira avec
quelques homophones lexicaux.

p. 177

	Thème de la photo	Événement décrit	Motif du choix du photographe
Francine Bajande *Une famille à la plage**	Vacances en famille	Cette famille, sans travail, est partie en vacances grâce à l'aide d'une association caritative.	Il a été touché par leur bonheur qui provenait d'un moment banal pour beaucoup de personnes : un jour de vacances.
Tito Barberis *Le palmier*	Un voyage aux Caraïbes.	Le bonheur très terre à terre, d'apprécier la mer et le soleil après avoir voyagé 12 heures en avion.	C'est lui-même sur cette photo instantanée, non profession-nelle. C'est clair, c'est un bonheur simple.
Raymond de Seynes *L'homme à la rose*	Un homme misérable sent une rose.	Dès son arrivée en Iran, à Ispahan, le photographe a vu cet homme misérable sentant une rose.	C'est un instant fragile et fugitif. La rose semble être un espoir dans le monde miséreux de cet homme.
Luc Choquer *L'enfant et sa mère*	Une enfant dans les bras de sa mère	En Grèce, au moment où le photographe a voulu prendre la photo, la mère a pris l'enfant dans ses bras et la petite fille a fermé les yeux du plaisir d'être serrée par les bras maternels.	L'expression de cette petite fille fermant les yeux symbolise le bonheur.

* On comprend que cette famille est vraiment démunie quand on remarque que ces gens vivent dans le Nord et qu'ils ne
sont jamais allés à la mer. Or, Dunkerque est dans le Nord, donc sûrement pas très loin de chez eux.

p. 178

B Cet exercice permettra aux apprenants d'échanger leur point de vue sur la conception du bonheur (le bonheur pour soi / le bonheur d'aimer, de partager et de rendre les autres heureux / le bonheur = réussite sociale / le bonheur = réussite familiale / le bonheur = biens matériels, etc.)

1. Exprimer la condition

A 1c – 2b – 3b – 4b.

p. 179

B **Situation de départ / Résultat inattendu**

1. Économiser / ne pas pouvoir acheter une nouvelle voiture.
2. Elle est maladroite / elle a tricoté un pull.
3. Il sait nager / il a peur de l'eau.
4. Il est très amoureux d'une fille / il ne lui parle pas.
5. Elle avait très peur / elle a ouvert sa porte.
6. Je vous ai donné des conseils / vous n'avez pas réussi la recette.
7. Ils sont coupables / ils sortiront de prison.
8. Nous étions fatigués / nous avons regardé le film jusqu'au bout.
9. J'adore le cinéma / je n'ai jamais assisté au Festival de Cannes.
10. On est en pleine crise économique / il y a beaucoup de monde dans les magasins.

C Propositions de réponses :

1. On peut y aller quand même ; on va emmener mon neveu, il adore le cinéma !
2. Bien que je craigne le froid, j'ai très envie de découvrir ce pays.
3. Même si tu as des diplômes, tu devrais écouter mon conseil ; on n'est jamais trop instruit !
4. Oui, malgré notre récente dispute, je l'ai appelée hier soir.
5. Ils sont couverts de dettes, pourtant ils viennent d'acheter une maison.
6. Même s'ils sont partis en vacances, je dois arroser les plantes.
7. Bien que je sois un peu souffrante, j'ai envie d'aller danser.
8. J'avais beau avoir des difficultés, je tenais à m'en sortir seul et à n'ennuyer personne avec mes problèmes.

p. 180

D Propositions de réponses :

2. Cette femme est très belle, pourtant elle n'arrive pas à séduire.
3. Bien qu'il ait du courage, il n'ose pas sauter en parachute.
4. Christian a beau faire le régime, il ne maigrit pas.
5. Malgré son défaut de prononciation, cet homme est devenu un grand orateur.
6. Malgré sa mauvaise santé, il est devenu champion de ski.

7. Il prépare ses examens ; il sort quand même tous les soirs.
8. Ils ont beau avoir des diplômes, les jeunes ne trouvent pas d'emploi.

Savoir-faire

Propositions de réponses :

1. – Je voudrais retirer 1 500 F, s'il vous plaît.
   – Mais, souvenez-vous, Mademoiselle, la semaine dernière votre compte était à découvert.
   – Mais je pense que j'ai touché mon salaire et de toute façon vous pouvez **quand même** me donner de l'argent !
   – Comment ? Si votre compte est à découvert, je ne vous donnerai pas d'argent, **même si** vous insistez. Je suis désolé, Mademoiselle...

2. – Votre billet n'est pas composté ; cela va vous coûter 150 F d'amende.
   – Mais je ne savais pas qu'il fallait faire cela ! Je ne prends pas le train très souvent...
   – Peut-être mais vous devez **quand même** vous informer un peu, Madame.
   – Écoutez Monsieur, j'**ai beau** lire les journaux et regarder la télévision tous les jours, je n'ai jamais entendu parler de ça !

3. – Excusez-moi mais je vous dois deux nuits, pas trois...
   – Ah Monsieur, vous avez **pourtant** reçu le règlement : les chambres doivent être libérées à 11 heures, sinon la nuit suivante est due.
   – Alors là, je ne suis pas du tout d'accord et vous **aurez beau** discuter, moi, je vous paierai deux nuits, un point c'est tout !

4. – Mais Monsieur, je vous rends votre appartement en parfait état.
   – Vous appelez ça en parfait état ! Avec une énorme tache sur la moquette... Non, je garde ma caution.
   – **Bien que** vous disiez que la tache est énorme, moi, je continue à la trouver petite. Si vous gardez mon argent, vous êtes malhonnête ! C'est incroyable ; je vous croyais **pourtant** mieux que cela...

2. L'emploi des pronoms

p. 181

A Le premier sous-tableau contenu dans le tableau intitulé *l'emploi des doubles pronoms compléments* comprend trois lignes, alors que le suivant (qui concerne les pronoms et l'impératif) en compte deux. L'élève doit donc composer cinq phrases au total en choisissant une combinaison possible sur chacune des lignes des deux sous-tableaux (exemple, pour la ligne 1, il pourra choisir, *te la* ou *nous y*, ou encore *vous en*...).
Propositions de réponses :
1. Les photos, oui, Paul **me les** as envoyées.

2. Le livre sur l'Asie, je **le lui** ai prêté la semaine dernière.

3. Tu **leur en** as parlé ?

4. Hum... des bonbons à la menthe ! **Donne m'en** s'il te plaît.

5. Quelle jolie robe... **Achète-la moi**, s'il te plaît chéri...

B 1. Oui je peux **te le** prêter. / Non, je ne peux pas **te le** prêter.

2. Oui, nous **vous les** avons rendues. / Non, nous ne **vous les** avons pas rendues.

3. Oui, je **la lui** ai présentée. / Non, je ne **la lui** ai pas présentée.

4. Oui, je veux **les y** inviter. / Non, je ne veux pas **les y** inviter.

5. Oui, je **vous en** donne. / Non, je ne **vous en** donne pas.

6. Oui, il faudra **leur en** apporter. / Non, il ne faudra pas **leur en** apporter.

p. 182

7. Oui, je **lui en** ai parlé. / Non, je ne **lui en** ai pas parlé.

8. Oui, on **s'y** retrouve. / Non, on ne **s'y** retrouve pas.

9. Oui, ils **s'en** sont aperçu. / Non, ils ne **s'en** sont pas aperçu.

10. Oui, je **l'y** ai rangé. / Non, je ne **l'y** ai pas rangé.

C 1. – Oui, **donnez-la-leur**. / Non, ne **la leur donnez** pas.

2. – Oui, **parlez-lui-en**. / Non, ne **lui en parlez** pas.

3. – Oui, **apportez-m'en**. / Non, ne **m'en apportez** pas.

4. – Oui, **résume-la-moi**. / Non, ne **me la résume** pas.

5. – Oui, **offrons-lui-en un**. / Non, ne **lui en offrons** pas.

6. – Oui, **rappelez-la-leur**. / Non, ne **la leur rappelez** pas.

7. – Oui, **prends-m'en une**. / Non, ne **m'en prends** pas.

8. – Oui, **dis-le-lui**. / Non, ne **le lui dis** pas.

D 1. Je vous la communiquerai la semaine prochaine.

2. Ils ne m'en ont jamais offert.

3. Je vous ordonne de me le donner.

4. Il faudrait m'en photocopier deux.

5. Dites-le-moi tout de suite.

6. Ils sauront me la réparer.

7. Ne leur en donnez plus.

8. Tu t'en es servi le dernier.

9. Elles ne lui en rachèteront pas une autre.

10. Pourriez-vous m'y conduire ?

E 1. – Lui avez-vous donné ces instructions ?

– Bien sûr, je **les lui** ai transmises !

– Mais a-t-il bien compris ce qu'il devait faire ?

– Je l'espère. Nous devrons **nous en** assurer avant de **lui** confier une autre mission !

2. – Tu aimais les histoires quand tu étais petite ?

– Oh, moi, on ne **m'en** a jamais raconté !

– Quand j'étais petite, mes parents pensaient qu'il était inutile de **le** faire ! Depuis que j'ai des enfants, je **leur en** lis tous les soirs.

3. – Quand déménagez-vous ?

– Dans deux mois.

p. 183

– Tout est prêt dans votre nouvel appartement ?

– Oh non, nous devons encore **le** repeindre et **y** faire des travaux d'électricité.

– Ça doit coûter cher ?

– Oui, mais nous **en** rêvions depuis si longtemps !

– Et les enfants ?

– Je ne **leur** ai pas encore dit ! Sinon, ils voudraient **y** habiter tout de suite !

4. – Vous avez accepté son projet ?

– Non, nous l'avons refusé (**lui** avons refusé).

– Pourquoi ?

– Il aurait fallu **le** compléter et **le** revoir totalement.

– Mais, il **y** avait tellement travaillé !

– Oui, c'est ce qu'il **m'**avait dit mais je ne l'ai pas cru ! On voyait bien qu'il **y** avait passé peu de temps !

5. – On sort ensemble ce soir ?

– Non je ne peux pas !

– Mais, tu **me** l'avais promis !

– Je n'**y** peux rien ! Ma mère a besoin de moi !

– Tu aurais pu **m'**(en) avertir !

– Je voulais **t'en** parler mais j'ai oublié !

– Oublié ! C'est pas possible !

– Allez, on sortira demain...

– Non, pas question, je **t'en** veux trop ! Laisse-**moi** !

3. *Quelques expressions de temps*

A 1. **Il y a** trois ans, ils sont partis à Dunkerque. (fait ponctuel)

2. J'avais voyagé **pendant** 20 heures. (durée)

3. **Dès** mon arrivée, j'ai fait cette photo. (fait ponctuel)

4. **Depuis** cet instant, je ne l'ai plus quitté. (durée)

5. J'ai pris la photo **en** deux secondes. (durée)

B 1. a. Nous allons partir **dans** une demi-heure.

b. Vous travaillez **en** un temps record.

c. On peut faire Paris-Rome **en** deux heures.

d. **Dans** dix ans, on ne reconnaîtra plus cette ville.

2. a. **Dès** la fin des vacances, j'irai la voir.

b. **Depuis** leur mariage, ils ne sont plus les mêmes.

c. Je ne lui ai plus téléphoné **depuis** son départ.

d. Il a voulu la rencontrer **dès** son arrivée.

3. a. Il a été absent **pendant** un mois.

b. Il est resté immobile **pendant** des heures.

c. Il y a eu un accident **pendant** le décollage de l'avion.

d. Vous êtes là **pour** combien de temps ?

4. a. Je suis malade **depuis** une semaine.

b. **Il y a** un mois, j'ai été hospitalisé.

c. **Il y a** trois jours, nous étions encore en vacances.

d. **Depuis** son divorce, il sort beaucoup.

p. 184

C 1. Je suis un cours d'informatique **depuis** le 20 septembre dernier.

2. J'ai arrêté de travailler **il y a** une semaine. (= Je ne travaille plus **depuis** une semaine)

3. Je prendrai un appartement plus grand **dès** la rentrée.

4. Mes invités sont restés **jusqu'à** deux heures du matin.

5. Elle est heureuse **depuis** qu'elle a son bébé.

6. J'espère recevoir une lettre de Noriko **dans** quelques semaines.

7. J'ai parlé au téléphone avec ma mère **pendant** deux heures...

8. **Depuis** que je travaille de nouveau, j'ai arrêté de faire du sport.

9. J'ai appris l'anglais **en** un an.

10. **Depuis** ma promotion, j'ai plus d'argent.

p. 185

Repères

Note :

– France Gall est une chanteuse très populaire qui a commencé sa carrière dans les années 70. Son mari, Michel Berger, décédé depuis quelques années, lui écrivait la plupart de ses chansons.

A Dans cette chanson, France Gall s'adresse à quelqu'un. Elle dit à cette personne qu'il faut se battre pour avoir droit au bonheur.

B Chacun pourra exprimer ce qu'il ressent à l'écoute de la chanson et se justifier. Il n'y a pas qu'une réponse à cette question qui est subjective. Cela dépendra de la sensibilité de chacun. On peut tout de même penser que par son rythme rapide et sa musique très enlevée, cette chanson inspire la joie, l'optimisme.

Note:

– *Signe et persiste :* France Gall a recours à cette exagération (comme si la personne devait signer une sorte de promesse, de contrat) pour vraiment insister sur le caractère volontaire qu'il faut avoir pour accéder au bonheur. Il ne faut pas se décourager, ni renoncer mais il faut persister dans sa lutte.

C 1. « Tant de libertés pour si peu de bonheur, est-ce que ça vaut la peine ? »

La France démocratique, pays des droits de l'homme, permet-elle à tous d'être heureux ?

Est-ce donc bien nécessaire d'être aussi libre si on ne peut pas trouver le bonheur ?

2. « Si on veut t'amener à renier tes erreurs, c'est pas pour ça qu'on t'aime. »

Même si tu avoues que tu t'étais trompé, ce n'est pas pour cela que tu seras plus aimé(e).

3. « Prouve que tu existes, cherche ton bonheur partout, bats-toi. »

Il faut s'affirmer, avoir confiance en soi et se battre pour trouver le bonheur.

D La question D amènera à réfléchir à cette lutte pour le bonheur dont parle France Gall. Chacun pourra donner son interprétation et la justifier.

p. 186

4. Argumenter par écrit

A **Comprendre le sujet :**

– Sujet 1 : les mots les plus importants sont : place / enseignement / éducation.

Définitions du dictionnaire :

Enseignement :

1. précepte qui enseigne une manière d'agir, de penser.

2. action, art d'enseigner, de transmettre des connaissances à un élève.

Éducation :

1. mise en œuvre des moyens propres à assurer la formation et le développement d'un être humain (pédagogie)

2. développement méthodique d'une faculté (exercice)

3. connaissance et pratique des usages de la société (politesse, savoir-vivre)

Questions possibles : Quel sens donne-t-on à « éducation » ? Qui doit assurer l'éducation d'un enfant ? L'éducation doit-elle être universelle ou présenter des particularités ? De quel enseignement parle-t-on : enseignement pratique / théorique / institutionnel ou non ?...

B **Rechercher des idées :**

– Sujet 1 :

Exemples de médias : journaux, magazines, télévision, radio...

Rôle des médias : informer, sensibiliser...

Aspect positif des médias : informent, renseignent, cultivent...

Dangers des médias : manipulent, choquent, dissimulent, faussent ou exagèrent certaines informations...

– Sujet 2 :

Exemples de jeux de hasard : les courses de chevaux, la loterie nationale, le loto, le bingo...

Motivation des joueurs : gagner de l'argent, capacité de faire face aux difficultés financières, rêver...

Implications sociales : quelle relation existe-t-il entre le jeu et la vie sociale réelle dans les réactions, les comportements et les apprentissages que génèrent les jeux ? Le jeu prépare-t-il à la vie ? Jouer, est-ce un atout dans la vie ? Le jeu, est-ce la vie ?

C Élaborer un plan

Le plan n° 1 est un plan *critique* alors que le plan n° 2 est *analytique*.

D Écrire une introduction

La première phrase de cette introduction reprend le sujet, annonce le thème. Puis elle annonce un plan analytique :

– Causes : Comment expliquer le phénomène ? *(peut-être faut-il s'interroger sur les raisons de cette passion pour l'automobile)*

– Conséquences de ce phénomène sur notre vie. *(analyser les conséquences dans notre vie)*

– Solutions : comment vivre avec ce phénomène ou que faire pour l'endiguer ? *(on peut se demander s'il s'agit véritablement d'un progrès)*

E Proposition de réponse (2ᵉ sujet) :

Que ce soit pour le plaisir ou pour la compétition, sur le terrain ou à la télévision, le sport occupe désormais une place essentielle dans notre société. Cependant, les valeurs que chaque individu accorde au sport sont très variables : d'aucuns jouent pour gagner, certains pour s'épanouir, d'autres encore pour se dépasser... Dans notre société où le « toujours plus » semble être la devise, on peut se demander où se situent les limites d'un tel engouement et si, à trop vouloir se réaliser et se dépasser, on n'en arrive pas à un réel danger.

F Exemple de corrigé rédigé (2ᵉ sujet) :

Pourquoi le sport est-il si important dans notre société ?

Les rites, les idoles, les communions collectives se manifestent à présent dans le monde du sport qui semble remplacer les aspirations religieuses des masses. En observant ce qui se passe actuellement, plusieurs questions se posent : Le sport répond-il aussi simplement à un besoin de sacré ou a-t-il, de plus, une fonction morale et peut-être politique ? Quelles sont ses implications sur l'économie d'un pays et n'est-ce pas, tout simplement un phénomène de mode ?

Tout d'abord essayons de rappeler les relations existant, à l'origine, entre les activités sportives et religieuses. Les premiers jeux panhelléniques se sont déroulés en 776 avant J.-C. à Olympie. Les sportifs et les spectateurs communiaient dans la même ferveur sacrée en l'honneur de Zeus. Aujourd'hui, bien qu'il soit séparé de la religion, le sport conserve des caractéristiques rituelles qui témoignent encore de cette origine commune. Nous pouvons penser par exemple à l'arrivée de la flamme olympique dans un stade, ou encore aux hymnes nationaux joués juste avant une compétition ou une remise de médailles devant le public recueilli.

Il est vrai que de nos jours le sport ne célèbre plus aucune divinité, il n'est plus un moyen mais bien une fin en soi. D'ailleurs, les journalistes ont coutume de parler de « grande fête du sport » pour les jeux olympiques ou de « grande fête du football » pour le Mundial, les seules idoles qui restent étant les champions, les « dieux » du stade. On peut remarquer qu'en Occident la renaissance de l'enthousiasme pour le sport s'est opérée en même temps que le recul de la ferveur religieuse.

Toutefois, cette religion du sport, cette communion collective semble trouver rapidement la limite à son universalité dès lors qu'elle se superpose au culte de la Nation. Qu'on se l'avoue plus ou moins, quand plusieurs pays sont en compétition, le sport retrouve sa fonction originelle. L'exaltation nationale devient l'enjeu d'un affrontement qui a pour but d'honorer la patrie. Le pays est alors divinisé et les sportifs sacrés.

C'est alors qu'on peut tenter de comprendre les manifestations de violence qui sont de plus en plus fréquentes dans les stades. L'exaltation trop forte se transforme en agressivité envers les adversaires, et, dans cette fièvre collective, l'individu ne semble plus pouvoir raisonner en tant que tel et c'est alors que des débordements surviennent, allant d'une petite rixe à des bagarres tragiques où l'on déplore de nombreuses victimes.

Ce fanatisme est devenu un problème de société et que ce soit au niveau régional, national ou international, les hommes qui gouvernent doivent envisager des mesures, voter des lois... Quant au sport lui-même, il est donc le plus souvent associé au monde économique et politique.

De nouveaux sports sont apparus au cours de ces vingt dernières années, phénomène semblant répondre au culte du corps et de la bonne forme. En effet, partout la mode montre des mannequins grands et de plus en plus minces. Il faut donc « suer » pour leur ressembler. En outre, dans cette société où nous travaillons de plus en plus, où nous sommes de plus en plus victimes de la pollution, chacun a besoin de s'évader avec des sports de l'extrême tels que le deltaplane ou le saut à l'élastique et d'être tonique et en bonne santé.

Le sport est bien une des activités populaires les plus représentatives de notre culture contemporaine, mais aussi une des plus menacées dans son intégrité. N'hésitons pas à rappeler la célèbre formule de Pierre de Coubertin : « L'essentiel est de participer ». N'est-ce donc pas cette notion de participation qui pourrait être la clé d'une «communion collective» bien comprise?

Savoir-faire

Exemple de corrigé semi-rédigé :

3. Suivre la mode, est-ce pour vous un moyen de vous exprimer ou seulement l'imitation de modèles ?

Introduction

S'il est vrai que le phénomène de la mode n'est pas une invention récente, certaines caractéristiques de la modernité ont accentué son ampleur et sa diffusion. Un tel succès peut nous amener à réfléchir sur cette curieuse démarche qui consiste à affirmer sa différence tout en cherchant à ressembler aux autres. Ce paradoxe soulève trois questions : Qu'est-ce que la mode ? Comment nous permet-elle d'exprimer notre personnalité ? Quelles caractéristiques un tel phénomène de masse présente-t-il ?

Première partie : qu'est-ce que la mode ?

Un ensemble de comportements qui caractérisent un groupe à un moment donné :

– volonté d'imiter des modèles ;
– manière de s'habiller, «look» ;
– références culturelles communes : musique, arts, littérature... ;
– art de vivre et codes de comportement ;
– façon de penser, perception de l'existence ;
– phénomène de masse soudain et limité dans le temps.

Deuxième partie : la mode, expression d'une personnalité.

– Se démarquer en :
  • exprimant un choix idéologique à travers un détail matériel (badge, vêtement particulier) ;
  • se situant dans sa génération (cheveux longs ou courts...) ;
  • se situant dans son milieu social (vieux jean ou foulard Hermès).
– Faire correspondre l'image qu'on a de soi avec celle qu'on donne aux autres.
– Faire correspondre ce que l'on est avec ce que l'on veut être.
– Séduire et se mettre en valeur.

Troisième partie : la mode, un phénomène de masse.

– Secteur économique : production industrielle.
– Phénomène encouragé par la publicité et les médias.
– Touche des groupes importants (jeunes, troisième âge).
– Besoin de ressembler aux autres (surtout chez les adolescents).
– Elle n'épargne personne (culture de masse).
– Dangers : se fondre dans la masse, se conformer à des normes, être le produit d'une culture que l'on subit, s'identifier à un modèle.

Conclusion

J'aimerais conclure sur une note optimiste. En effet, si dans les années passées, les modes ont semblé normatives au point de générer des «inconditionnels» de la mode («in», «branchés») et au contraire des personnes semblant à contre courant («out», «ringards»), il semble que cela ait changé aujourd'hui. En effet, on voit de plus en plus des styles diamétralement opposés coexister dans la société actuelle, offrant à chacun une multitude de modes de vie possibles.

p. 189

5. Homophonie et cohérence

A Propositions de réponses :

1. Les normes → **l'énorme**
   Sur les routes, **les normes** de sécurité sont très strictes.
   Tu as vu **l'énorme** éléphant ?

2. L'émission → **les missions**
   J'aime beaucoup **l'émission** du jeudi soir sur l'actualité internationale.
   Les missions humanitaires dans les pays en crise se développent.

3. Les sens → **l'essence**
   «Mais qu'est-ce que tu dis ? Ça n'a pas de **sens** ! »
   L'essence est de plus en plus chère, mieux vaut circuler à bicyclette...

4. la tension → **l'attention**
   Durant la réunion, **la tension** montait entre les dirigeants politiques.
   L'attention des élèves baisse en fin de journée.

5. la tante → **l'attente**
   La **tante** de Pierre vient dîner à la maison samedi soir.
   Chez ce médecin, **l'attente** est parfois longue...

B 1. Elle **l'apprend** par cœur. (la prend)
2. Sa chambre, elle **la range** tous les matins. (l'arrange)
3. Vous **les changez** de place. (l'échangez)
4. Cette robe ? Elle **la teint** en bleu. (l'atteint)
5. Vous **empêchez** les enfants de faire du bruit. (en pêchez)

p. 190

Repères

A 1e : dans la province du Québec, au Canada ;
2f : en Afrique de l'ouest ;
3b : aux Antilles (Amérique centrale) ;
4a : en Belgique (Europe) ;
5c : au Maroc (Afrique du Nord) ;
6d : en Inde.

p. 191

B 1. Au total, on peut dire que plus de 320 millions de personnes dans le monde utilisent le français : plus de 120 millions s'expriment en français et plus de 200 millions l'utilisent irrégulièrement.

2. Le français est enseigné en Europe (Allemagne, Italie, Pologne...), en Amérique du sud (Brésil, Colombie, Argentine...), en Asie (Vietnam, Laos, Japon...), au Proche-Orient (Syrie, Liban, Égypte...).

3. Les pays francophones d'Europe : la France métropolitaine, la partie sud et sud-est de la Belgique (la Wallonie), une partie de la Suisse (20 %), le Luxembourg, Andorre et Monaco.

4. Les DOM-TOM sont les départements et les territoires d'Outre-Mer. Il y a cinq départements français d'Outre-Mer (gérés administrativement comme un département de la France métropolitaine) : la Guadeloupe, la Martinique, la Guyane, la Réunion, Saint-Pierre et Miquelon. Les territoires d'Outre-Mer ont une gestion autonome. Les principaux sont : Mayotte, la Nouvelle Calédonie, la Polynésie française, Wallis et Futuna. (*Cf.* carte ci-dessous).

5. Montréal est la capitale du Canada. / Rabat est la capitale du Maroc.
   Porto-Novo est la capitale du Bénin. / Yaoundé est la capitale du Cameroun.
   Dakar est la capitale du Sénégal. / Bruxelles est la capitale de la Belgique.
   Lomé est la capitale du Togo. / Antananarivo est la capitale de Madagascar.

p. 192 **C Notes :**
– *Se pique de* (milieu de la colonne de gauche) : se vante de, est très fier de. À cette époque, toutes les personnes qui se prétendaient cultivées devaient parler le français, langue du savoir et de l'élégance.
– *Les premiers signes de remises en cause* (colonne de droite, 2e paragraphe) : vu la montée et la prédominance de l'anglais, il fallait que les dirigeants français se remettent en cause, c'est-à-dire cherchent à savoir pourquoi la cote du français était en baisse et envisagent des solutions pour qu'elle remonte.

1. Vrai.
2. Non, la langue française a connu une période de stagnation due au développement de l'espagnol et de l'italien.

3. Vrai.
4. Vrai.
5. Non, c'est en Afrique et en Asie que la France implante ses colonies au XIXe siècle.
6. Non, après avoir été dépassé par l'anglais, le français, grâce à un effort de restructuration, a pu revenir au même rang que l'anglais à l'ONU (Organisation des Nations Unies) en 1945.
7. Non, « francophonie » ne veut pas dire être Français mais francophone. Ce terme désigne également la collectivité constituée par les peuples qui parlent français.

p. 193 **D** a11 – b12 – c7 – d6 – e8 – f9 – g4 – h3 – i5 – j10 – k2 – l1

p. 194 *Savoir-faire*

Propositions de réponses :
Ce dernier « savoir-faire » est une révision des nombreuses acquisitions. À la différence des précédents, il ne porte pas sur le dernier point étudié mais plutôt sur l'ensemble des éléments abordés dans ce manuel. Les propositions suivantes ne sont données qu'à titre indicatif, l'éventail des possibilités étant bien sûr beaucoup plus large.

1. Excuse-moi, je ne l'ai pas fait exprès, j'ai seulement oublié !
2. Je suis désolé(e) de t'interrompre, mais à mon avis, si les femmes ont envie de s'épanouir dans le travail, je ne vois pas pourquoi elles pourraient moins le faire que les hommes !
3. Ne vous inquiétez pas, cela peut paraître difficile au début, mais je suis sûr(e) que vous y arriverez...
4. Je me souviens comme la ville était belle, encore calme et sûre. J'allais voir toutes les expositions, de nombreux spectacles... Si je n'avais pas été étudiante, j'aurais pu faire encore plus de choses, mais malheureusement, je n'étais pas très riche. Enfin, c'était le bon temps !...
5. Bien sûr, votre proposition m'intéresse énormément. Cependant, je me permets de vous demander quelques précisions concernant les

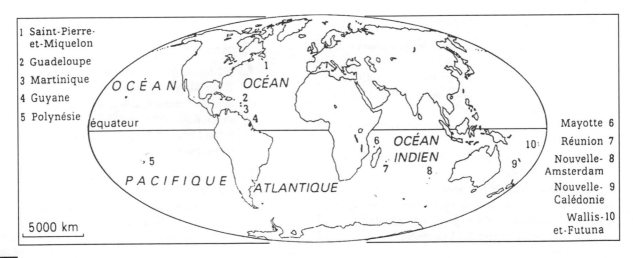

1 Saint-Pierre-et-Miquelon
2 Guadeloupe
3 Martinique
4 Guyane
5 Polynésie

OCÉAN PACIFIQUE
OCÉAN ATLANTIQUE
OCÉAN INDIEN
équateur

Mayotte 6
Réunion 7
Nouvelle-Amsterdam 8
Nouvelle-Calédonie 9
Wallis-et-Futuna 10

5000 km

conditions de travail que vous offrez. J'aimerais connaître les possibilités de carrière, avoir également quelques informations sur les horaires, le salaire et les avantages.

6. Je ne pouvais plus rester à Paris. En effet, chaque jour j'avais une heure trente de métro pour aller travailler, il fallait le soir en rentrant du travail supporter à nouveau la foule... pour arriver à la maison à 20 heures ! Quelle galère ! Je ne supportais plus cela. À Clermont-Ferrand, c'est beaucoup mieux : j'habite à dix minutes à pied de mon travail ; par conséquent, pas de stress, davantage de sommeil... le temps de vivre ! Bien que le climat soit plus rude, j'apprécie quand même de vivre en Auvergne !

7. Je veux que les gens autour de moi soient heureux, et bien que « l'argent ne fasse pas le bonheur », il est important pour moi d'essayer d'aider tous ceux que je connais.

J'aimerais que mes parents puissent enfin visiter la Chine dont ils rêvent depuis des années...

Il est indispensable que j'achète une nouvelle voiture ; la mienne est vraiment hors d'usage...

TEST N° 1

Une journée ordinaire

Le travail de M. Gibert ....
....
....
....
....
....
....
....
....
....
....
....
....
....

GRAMMAIRE

A *Complétez ces phrases avec les verbes indiqués en utilisant le présent, le futur, le futur antérieur ou le passé composé.*

1. (être, inviter, organiser, commencer, téléphoner)

   – La semaine dernière, j'.............................. à Marie et elle nous .... à dîner demain.

   – Impossible, demain, nous .... les cours. Dis-lui de déplacer ce repas. Dans quinze jours, nous ....

   plus libres. J'..............................nos emplois du temps.

2. (aller, essayer, dire, rester, se sentir)

   – Dès que tu lui .... la vérité, tu .... mieux !

   – Oui, mais déjà, ce matin j'.............................. et je .... muette !

   Enfin, peut-être que tout à l'heure, ça .... mieux !

3. (envoyer, manger, appeler, mettre, s'ennuyer)

   – Maman, nous .... à quelle heure ?

   – C'est prêt, aussitôt que j'.............................. la table !

   – Oh mais je .... !

   – Au lieu de te plaindre, pourquoi n'........................-tu pas ton oncle pour le remercier des livres qu'il t'........................ ?

B *Complétez les phrases avec Y ou EN.*

1. Au cinéma ? J' .... vais rarement.

2. Ne t'inquiète pas des courses, Henri s' .... occupera.

3. Écoute, tes problèmes avec ta mère, je n' .... peux rien.

4. Prenez cet argent. Vous .... avez besoin.

5. Merci encore pour ton ordinateur ! Je m' .... sers tous les jours.

6. Même s'ils .... ont beaucoup réfléchi, ils n'ont pas trouvé de solution.

7. Allez, viens ! On n' .... a que pour dix minutes !

8. Comme tu adores la glace, je suis sûr que tu .... reprendras encore une fois !

9. Paul va rater son examen ? Mais c'est normal, il ne s' .... est pas préparé du tout !

10. Partir en Inde ? Elle .... a renoncé faute d'argent.

C *À partir des phrases suivantes, créez des propositions relatives en utilisant* QUI, QUE, DONT, OÙ.

Exemple : Mes parents sont âgés. Ils ne peuvent plus faire de voyage à l'étranger.

→ Mes parents qui sont âgés ne peuvent plus faire de voyage à l'étranger.

1. Cet homme attend le professeur Bois. Il est assis dans l'entrée.

2. Les employés vont toujours dans ce café. Ils y sont servis rapidement.

3. Mon grand-père m'a raconté des épisodes de ma jeunesse. Je ne m'en souviens plus.

4. Ma collègue évite Mme Pozon. Elle s'en méfie beaucoup.

5. Cette maison a été complètement restaurée. Pierre et Catherine viennent de l'acheter.

D *Complétez les phrases avec un pronom démonstratif suivi si nécessaire d'un pronom relatif ou d'un article (contracté ou non).*

Exemple : J'ai lu tous les livres du programme. **Ceux qui** m'ont plu sont **ceux de** Balzac.

1. Je préfère .... est en vitrine. Il est plus joli.

2. .... ne se seront pas inscrits ne pourront pas participer au stage d'informatique.

3. Nadia a les deux clés : .... maison et .... garage.

4. Tu vois ces deux hommes ? .... travaille avec moi, l'autre est informaticien.

5. Ce sont .... je t'ai parlé ! Tu sais bien les filles que j'ai connues en Corse !

LEXIQUE

A *Trouvez un mot de la même famille que le mot indiqué :*

Nom	Adjectif/participe passé	Verbe
1.	appris	....
2. lecture	....	....
3.	traduisible	....
4. tranquillité	....	....
5.	....	libérer
6.	chauffé	....
7.	sale	....
8. entretien	....	....
9.	loué	....
10. vie	....	....

COMMUNICATION

A *Lisez ces phrases et cochez ensuite dans le tableau ce qu'elles expriment.*

1. Calme-toi, tout va s'arranger.
2. Pourriez-vous me dire comment ça marche ?
3. Désolé de vous contredire mais ce n'est pas ça du tout !
4. Alors là, je vous arrête, vous faites fausse route !
5. Et bien, ne te gêne pas, continue…
6. Parfaitement, je partage votre opinion à ce sujet.
7. Cet examen, ça m'angoisse !
8. On entend par là que les charges sont comprises dans le prix indiqué.
9. Mais je ne l'ai pas fait exprès !
10. Tu exagères toujours ! C'était très bien !

	1	2	3	4	5	6	7	8	9	10
S'inquiéter										
Donner des informations										
Reprocher quelque chose à quelqu'un										
Rassurer										
Contredire										
Demander des informations										
Se justifier										
Approuver										

B *Répondez à ces questions en deux ou trois répliques.*

1. Pour vous, le soir, est-il plus agréable de rester chez vous ou de sortir avec des amis ?
2. Malgré vos arguments, je continue à croire que j'ai raison !
3. Mais enfin, pourquoi es-tu toujours en retard ?
4. Allez, ce n'est pas si grave d'avoir perdu 1 000 francs ! Ne me gronde pas !
5. Que vais-je faire si je n'ai pas ce travail ?

PRODUCTION ÉCRITE

A *Après avoir lu le dépliant de l'Université de Caen, répondez à cette lettre en donnant toutes les informations demandées :*

Berlin, le 15 avril 1994.

Monsieur,

Désirant passer un mois en France, je me permets de vous écrire afin de vous demander des renseignements concernant votre école de langue.

Auriez-vous l'obligeance de me transmettre les modalités d'inscription, les dates des cours, les tarifs et de m'expliquer comment se déroulent les enseignements dans votre établissement. De plus, désireux de poursuivre par la suite des études de traduction à Paris, j'aimerais savoir s'il est possible de suivre des cours de traduction (anglais-français) et aussi des cours de français commercial.

Enfin, je désirerais avoir des renseignements sur les possibilités d'hébergement dans votre ville.

En vous remerciant d'avance, je vous prie d'agréer, Monsieur, l'expression de mes sentiments distingués.

Robert Adams

UNIVERSITÉ DE CAEN

Le Centre d'Études Françaises Pour l'Étranger (CEFPE)

DROITS POUR L'ANNÉE 1994-1995

Droits de scolarité au CEFPE
  1 semestre (5 UF) : 2 650 F
  1 UF semestrielle supplémentaire : 530 F
Droits d'inscriptions à l'Université
  pour l'année (bibliothèque universitaire, médecine préventive, etc.) environ 1 000 F

CALENDRIER DE L'ANNÉE 1994-1995

Les enseignements sont donnés par semestres de 14 semaines (1 période d'orientation + 12 semaines d'enseignement + 1 semaine d'examen).
  1er semestre = 19 octobre 1994 – 4 février 1995
  2e semestre = 15 février 1995 – 3 juin 1995

Dates limites de préinscription :
  Pour le 1er semestre : 1er septembre 1994
  Pour le 2e semestre : 23 décembre 1994
Le CEFPE propose également un « Stage d'automne » (stage linguistique intensif) d'une durée de 3 semaines.

ENSEIGNEMENTS

Les enseignements sont distribués par « unités de formation » (UF) de 3 heures hebdomadaires chacune.

LANGUE FRANÇAISE

Niveau 0 – **Initiation à la langue française I** (5 UF bloquées = 15 h). Méthode audiovisuelle. Phonétique.

Niveau A – **Initiation à la langue française II** (5 UF bloquées = 15 h). Méthode audio-orale. Enseignement assisté par ordinateur. Phonétique. Initiation à la civilisation.

Niveau B – 1er Degré : **Certificat d'Études françaises** (5 UF bloquées = 15 h). Méthode audio-orale. Enseignement assisté par ordinateur. Phonétique. Littérature, art et civilisation.

Niveau C – 2e Degré : **Diplôme d'Études françaises.** Langue (3 UF groupées = 9 h). Expression orale et techniques de communication. Lecture finalisée et expression écrite. Structures de la langue. Textes et Civilisation. Options (2 UF = 6 h). Voir liste ci-après.

Niveau D – 3e Degré : **Diplôme Supérieur d'Études françaises.** Langue (2 UF groupées = 6 h)*. Formes et modes de communication orale. Production écrite. Grammaire appliquée. Options (3 UF = 9 h). Voir liste ci-après.

* **Attention !** Le niveau D est ouvert au 2e semestre uniquement.

  Préparation **DELF** et **DALF** (examens nationaux).

_____ ENSEIGNEMENTS OPTIONNELS : Niveaux C et D (1 UF = 3 h.) _____

C/D1 : Lecture et rédaction de textes	**C/D5 : Littérature/Histoire littéraire**	**C/D10 : Architecture et Arts plastiques**
C/D2 : Économie française	**C/D6 : Littérature du xxe siècle**	**C/D11 : Arts du spectacle**
C/D3 : Français économique et commercial	**C/D7 : Histoire**	
C/D4 : Techniques de traduction	**C/D8 : Études européennes**	
(de l'anglais vers le français)	**C/D9 : Didactique du français langue étrangère**	

_____ **Dominantes :** _____

Civilisation et Économie   Lettres et Arts   Didactique du français langue étrangère   Histoire et Arts

HÉBERGEMENT

Logement : Les étudiants ayant accès au bénéfice des œuvres universitaires et âgés de moins de 30 ans peuvent s'adresser pour leur logement, au Centre Régional des Œuvres Universitaires (CROUS) – 23, avenue de Bruxelles – 14032 CAEN Cédex. Ils devront apporter la preuve de leur admission au CEFPE en joignant à leur demande une photocopie de leur attestation de préinscription.
  Ils ont intérêt à faire leur demande le plus longtemps possible à l'avance, et à bien préciser le montant mensuel des ressources dont ils disposeront pendant leur séjour à Caen.
  Un petit nombre d'étudiants sera logé dans les résidences universitaires ; les autres recevront à leur arrivée, en s'adressant au même service, l'adresse de logeurs proposant des chambres à louer en ville.
  L'Association Caennaise d'Accueil Universitaire (ACAU) – SUEE – Université de Caen – 14032 CAEN Cédex, est en mesure de proposer l'hébergement en famille (2 options possibles : chambre + petit déjeuner ou demi-pension) aux étudiants qui en font la demande à l'avance (préciser l'option choisie).

Repas : Tous les étudiants du CEFPE ont accès aux restaurants universitaires où ils peuvent déjeuner et dîner tous les jours, sauf quelques jours de fête.

Coût : Il faut compter environ 700 F pour une chambre en résidence universitaire et de 1 300 à 1 500 F pour une chambre « en ville ».

UNIVERSITÉ DE CAEN – Service Universitaire des Étudiants étrangers, 14032 CAEN Cédex

Durée de passation

Dictée : lecture intégrale du texte /
lecture fractionnée / lecture intégrale.
Grammaire : 40 minutes environ.
Lexique : 15 minutes environ.
Communication : 20 minutes environ.
Production écrite : 45 minutes environ.

Grilles de correction

Test : note sur 100

Dictée : note sur 20

Erreur phonétique : 1 point.
Erreur grammaire : 1 point.
Erreur orthographe : 0,5 point.
Erreur compréhension globale (tout ou une partie d'une phrase) : 1 point.
Erreur d'accent : 1/4 de point.

Grammaire : note sur 30

Exercice A sur 15 : 1 point par verbe correct.
Exercice B sur 5 : 0,5 par bonne réponse.
Exercice C sur 5 : 0,5 par phrase correcte.
Exercice D sur 5 : 1 point par réponse.

Lexique : note sur 10

Exercice A sur 10 : 0,5 par mot trouvé.

Communication : note sur 10

Exercice A sur 5 : 0,5 par réponse correcte.
Exercice B sur 5 : 1 point par réponse correspondant à la situation proposée.

Production écrite : note sur 30

Morphologie : accords, conjugaisons	/6
Syntaxe : construction des phrases et réemploi correct des structures vues dans le dossier 1	/6
Contenu et adéquation au sujet proposé	/8
Lexique, qualité de l'expression	/8
Ponctuation, accents	/2

Corrigés

Dictée

Le travail de monsieur Gibert commence à huit heures. Il se lève, prend son petit déjeuner avec sa femme. Celle-ci ne travaille que l'après-midi dans une agence de publicité et elle a donc plus de temps que lui le matin.

M. Gibert part au bureau, en vélo. Les Gibert possèdent une voiture mais ils ne s'en servent que le dimanche et pendant les vacances.

À midi, tous prennent ensemble un repas simple mais complet. Les enfants recommencent l'école à treize heures trente et monsieur Gibert se remet en route vers deux heures moins le quart. Il préfère partir un peu plus tôt pour pouvoir s'arrêter au Café de la Poste dont il connaît le patron et où il retrouve tous ses amis.

Le soir, la famille dîne et regarde une cassette vidéo qu'ils ont choisie après de nombreuses discussions.

Mais, ce soir, monsieur Gibert ne rentrera pas directement car il y a une réunion du comité d'entreprise. Il doit y participer car il a été élu comme représentant du personnel.

Dimanche prochain, il essaiera d'installer la bibliothèque que sa femme a achetée. Mais avant, comme chaque semaine, il aura couru autour du lac pour rester en forme.

Grammaire

Ⓐ 1. ai téléphoné - a invités - commençons - serons - aurai organisé.
2. auras dit - te sentiras - ai essayé - suis restée - ira.
3. mangeons - aurai mis - m'ennuie - appelles - a envoyés.

Ⓑ 1. y – 2. en – 3. y – 4. en – 5. en – 6. y – 7. en – 8. en – 9. y – 10. y.

Ⓒ 1. Cet homme qui est assis dans l'entrée attend le Professeur Bois.
2. Les employés vont toujours dans ce café où ils sont servis rapidement.
3. Mon grand-père m'a raconté des épisodes de ma jeunesse dont je ne me souviens plus.
4. Ma collègue évite Mme Pozon dont elle se méfie beaucoup.
5. Cette maison que Pierre et Catherine viennent d'acheter a été complètement restaurée.

Ⓓ 1. celui qui – 2. ceux qui – 3. celle de la / celle du – 4. celui-ci – 5. celles dont.

Lexique

Ⓐ 1. Apprentissage, apprendre.
2. Lu, lire.
3. Traduction, traduire.
4. Tranquille, tranquilliser.
5. Liberté, libre.
6. Chauffage, chauffer.
7. Saleté, salir.
8. Entretenu, entretenir.
9. Location, louer.
10. Vécu, vivre.

Communication

A S'inquiéter : n° 7.

Donner des informations : n° 8.

Reprocher quelque chose à quelqu'un : n° 5 et 10.

Rassurer : n° 1.

Contredire : n° 3 et 4.

Demander des informations : n° 2.

Se justifier : n° 9.

Approuver : n° 6.

B Réponses possibles :

1. Moi, je préfère rester chez moi parce que c'est plus reposant après une journée de travail. Et puis, chez soi, il y a autant de choses intéressantes à faire que dehors !

2. Là, je vous arrête et je vais vous démontrer que j'ai raison.

3. Désolé, je ne l'ai pas fait exprès ! Tu me connais, je suis distrait !

4. Si c'est grave ! Et j'en ai assez ! Ça ne va pas se passer comme ça ! J'en ai marre. Tu ne fais jamais attention !

5. Calme-toi, tout ira bien et tu obtiendras cet emploi !

Production écrite

Proposition :

Caen, le 15 mai 1994.

Monsieur,

Je vous remercie de votre lettre du 15 avril dernier. Je vous envoie une brochure de notre université qui vous permettra de vous rendre compte des structures dont vous pourriez disposer au cas où votre choix de séjour linguistique se porterait sur notre établissement.

Nous vous précisons que les cours durent un semestre : du 19 octobre au 4 février, et du 15 février au 3 juin. Les tarifs, pour un semestre s'élèvent à 2 650 francs (+ 530 francs pour une Unité de formation (UF) semestrielle supplémentaire).

À cela s'ajoutent les droits d'inscription à l'Université qui sont d'environ 1 000 francs.

Nous vous confirmons que nous proposons des options de traduction et de français commercial.

Enfin, un service d'hébergement est mis à la disposition des étudiants. Si vous avez moins de trente ans et si vous êtes étudiant, vous pouvez loger à la Cité universitaire, sinon l'association caennaise d'accueil universitaire vous aidera dans la recherche d'un logement en famille.

En espérant avoir répondu à toutes vos interrogations, nous demeurons à votre entière disposition pour d'ultérieures précisions.

Veuillez agréer, Monsieur, l'expression de nos sentiments les meilleurs.

Le Directeur Pédagogique.
J. Le Grand.

Test N° 2

DICTÉE

Il n'avait pas d' ....

....

....

....

....

....

....

....

....

....

....

....

GRAMMAIRE

A *Transformez les phrases suivantes en utilisant des expressions de cause et de conséquence.*

Exemple : Patricia a beaucoup de travail en ce moment. Elle est fatiguée. Elle a décidé de prendre une semaine de vacances.

→ **À cause de** son travail, Patricia est fatiguée **si bien qu'**elle a décidé de prendre une semaine de vacances.

1. Georges a mal aux dents. Il est de mauvaise humeur. Il vaut mieux éviter de lui parler.

2. Les Combes dépensent leur argent sans compter. Ils se sont trop endettés. Leur banque va hypothéquer leur maison.

3. Le témoin n'a pas dit tout ce qu'il savait. La police l'a soupçonné. Il a été mis sous surveillance.

4. Je regardais avec envie une voiture. Le vendeur s'est approché de moi : il a été très convaincant. J'ai acheté le véhicule.

5. Mes cousins n'avaient plus d'argent pour partir en vacances. Ils sont restés chez eux. À la rentrée, ils étaient déprimés.

B *Complétez les phrases par le pronom démonstratif qui convient.*

1. Dis-lui .... que tu sais.

2. Cette plante est superbe mais je te conseille de prendre ....

3. Son attitude n'est pas plus claire que .... de son mari.

4. La tranquillité ! C'est .... dont je rêve.

5. .... qui arriveront en retard ne pourront pas entrer pendant le spectacle.

6. Être en colère, ... ne te ressemble pas !

7. Écoutez bien .... ; je ne le répèterai pas !

8. Comment trouves-tu mon blouson ? Tu sais bien ! .... que j'ai acheté en soldes !

9. .... est tout à fait erroné !

10. Cinéma ou restaurant ? .... m'est totalement égal pourvu qu'on soit ensemble !

C *Mettez les verbes indiqués entre parenthèses au présent de l'indicatif ou au présent du subjonctif.*

1. Les délégués regrettent que leurs propositions ne .... (plaire) à personne.

2. Tout le monde croit qu'il .... (falloir) les aider.

3. Il nous affirme que le train .... (être) à l'heure.

4. Vraiment, je ne pense pas qu'on .... (pouvoir) y aller demain.

5. Nous espérons que vos vacances .... (se dérouler) agréablement.

6. Son ami craint qu'elle ne .... (vouloir) partir au plus vite.

7. Les professeurs aimeraient bien que la direction les .... (soutenir) davantage.

8. Je suis étonné que tu .... (se mettre) en colère pour si peu de choses !

9. Vous savez bien que vous .... (devoir) rentrer à minuit.

10. Elle a très envie que nous .... (partir) avec eux !

LEXIQUE

Ⓐ *Trouvez les mots qui manquent.*

1. Détester quelqu'un, c'est éprouver de la h _ _ _ _ .

2. Un cadeau c'est un d _ _ .

3. Être triste, c'est éprouver de la t _ _ _ _ _ _ _ _ .

4. Travailler gratuitement pour une association, c'est être b _ _ _ _ _ _ _ .

5. Aider les personnes en difficulté, c'est faire preuve de s _ _ _ _ _ _ _ _ _ .

6. Les émissions de télévision se déroulent en général sur un p _ _ _ _ _ _ de télévision.

7. Le c _ _ _ _ donne accès à de nombreuses chaînes françaises et étrangères.

8. Quand on change souvent de chaîne avec la télécommande, on z _ _ _ _ .

9. Cet été, il y a eu de nombreuses m _ _ _ _ _ _ _ _ _ _ _ _ c _ _ _ _ _ _ _ _ _ : des concerts, des conférences, des films en plein air.

10. Imiter une œuvre d'art, c'est faire une c _ _ _ _ .

11. Un étranger résidant plus de trois mois en France doit obtenir un t _ _ _ _ de s _ _ _ _ _ .

12. Un étranger résidant dans un pays sans autorisation s'appelle un c _ _ _ _ _ _ _ _ _ .

13. Les personnes qui détestent les étrangers sont x _ _ _ _ _ _ _ _ _ .

14. Je viens de quitter mon ancien appartement, je viens de d _ _ _ _ _ _ _ _ .

15. Erasmus est un programme d'é _ _ _ _ _ _ _ entre les universités européennes.

16. S'occuper de la protection de la nature, c'est s'intéresser à l'e _ _ _ _ _ _ _ _ _ _ _ .

17. Marie-Antoinette a été condamnée à mort à son p _ _ _ _ _ .

18. Un spectacle « b _ _ _ _ » (fam.) signifie qu'il est nul.

19. Être « ringard », c'est être d _ _ _ _ _ .

20. Le p _ _ _ _ _ _ _ _ _ est constitué d'œuvres et de monuments anciens et modernes.

COMMUNICATION

Ⓐ *Rapportez les conversations suivantes à un(e) ami(e) en complétant le début des phrases indiquées.*

1. – Alors Hugues, tu viendras au tournoi de tennis ?
   – Impossible, j'ai un rapport urgent à finir pour le 12...

   Hugues m'a affirmé ....
   ....

2. – Dites-moi, Denis Cros travaille ici depuis longtemps ?
   – Sept ans, je crois.
   – Ça marche bien, n'est-ce pas ?
   – Oh oui, grâce à lui, nous avons réglé tous nos problèmes d'informatique.
   – Ça vaut une promotion, non ?
   – Tout à fait !

   Denis, le directeur a demandé ....
   ....
   Son secrétaire a confirmé que tu ....
   ....

3. – Vous devrez être opéré après les vacances.
  – Ah bon, je croyais que ma jambe allait mieux ?
  – Oui mais je vous conseille une intervention pour éviter des complications ultérieures !

  Mon médecin m'a expliqué que ....

  ....

4. – Mme Genton, va la voir de ma part, elle t'aidera !
  – Tu crois, Thierry ?
  – Mais oui, je lui ai déjà parlé de ton problème de logement !

  Tu sais, Thierry m'a soutenu que ....

  ....

B *Répondez à ces personnes en exprimant les sentiments indiqués.*

1. – Je pars demain, nous nous reverrons dans trois mois !
  ▶ Vous êtes *triste*, vous dites :

  – ....

2. – Ça ne peut pas continuer ainsi ! Dites quelque chose ! Ne restez pas muet !
  ▶ Vous êtes *étonné*, vous dites :

  – ....

3. – Pourquoi ne pas lui dire qu'il y aura certainement des difficultés avec les parents ?
  ▶ Vous exprimez *vos craintes*, vous dites :

  – ....

4. – Allez, dis-moi ce que tu veux pour notre anniversaire de mariage !
  ▶ Vous exprimez *un souhait*, vous dites :

  – ....

5. – Bon, on t'attend ce soir ? Pour une fois, fais un effort !
  ▶ Vous exprimez *un regret*, vous dites :

  – ....

6. – J'ai eu de bonnes nouvelles, ma thèse va être acceptée !
  ▶ Vous êtes *content*, vous dites :

  – ....

PRODUCTION ÉCRITE

Dans l'extrait suivant, Marguerite Duras évoque des souvenirs de voyage. Après lecture du passage, imaginez une fin qui explique ce qui s'est passé entre Marguerite Duras et son compagnon de voyage (10 lignes environ).

J'ai aussi une autre manie, puisqu'on parle des façons de se comporter. C'est d'adresser la parole à mes voisins surtout en avion. Je parle pour qu'on me réponde. Si on me répond c'est qu'on est rassuré, donc je suis rassurée à mon tour. Je parle du paysage, ou des voyages en général et de ceux en avion aussi. Dans le train je parle pour parler avec des inconnus, je parle de ce qu'on voit, du paysage, du temps. J'ai souvent un désir de parler, très vif, très fort.

Une fois, en avion, je suis tombée sur un monsieur qui ne répondait pas, à aucune question, rien.

Marguerite Duras, *La vie matérielle*, Éd. P.O.L.

....

....

....

....

....

....

....

....

....

Durée de passation

Dictée : lecture intégrale du texte /
lecture fractionnée / lecture intégrale.

Grammaire : 45 minutes environ.

Lexique : 20 minutes environ.

Communication : 30 minutes environ.

Production écrite : 40 minutes environ.

Grilles de correction

Dictée : note sur 20

Erreur phonétique : 1 point.

Erreur grammaire : 1 point.

Erreur orthographe : 0,5 point.

Erreur d'accent : 0,5 point (sur les mots déjà vus en classe).

Erreur compréhension globale (tout ou une partie du texte) : 1 point.

Grammaire : note sur 20

Exercice A sur 10 : 2 points par phrase correcte.

Exercice B sur 5 : 0,5 par réponse correcte.

Exercice C sur 5 : 0,5 par verbe correct.

Lexique : note sur 10

Exercice A sur 10 : 0,5 par mot trouvé.

Communication : note sur 20

Exercice A sur 8 : 2 points par dialogue reconstitué correctement en respectant la concordance des temps.

Exercice B sur 12 : 2 points par réponse correcte correspondant à la situation.

Production écrite : note sur 30

Morphologie : accords, conjugaisons	/6
Syntaxe, construction des phrases et réemploi correct des structures vues dans le dossier 2	/6
Contenu et adéquation au sujet proposé	/8
Lexique, qualité de l'expression	/8
Ponctuation, accents	/2

Corrigés

Dictée

Il n'avait pas d'amis, il ne connaissait personne et personne ne le connaissait. Il préférait peut-être que ce soit ainsi pour ne pas être lié. Il avait un drôle de visage aigu en lame de couteau, et de beaux yeux noirs indifférents. Il n'avait rien dit à personne. Mais il avait déjà tout préparé à ce moment-là, c'est certain. Il avait tout préparé dans sa tête, en se souvenant des routes et des cartes et des noms de villes qu'il allait traverser.

C'est au début de l'hiver qu'il est parti, vers le milieu du mois de septembre. Quand les pensionnaires se sont réveillés dans le grand dortoir gris, il avait disparu. On s'en est aperçu tout de suite, dès qu'on a ouvert les yeux, parce que son lit n'était pas défait (...). Alors on a dit seulement : « Tiens, Daniel est parti ! » sans être vraiment étonnés parce qu'on savait tout de même un peu que cela arriverait. Mais personne n'a rien dit d'autre.

D'après un extrait de J.M.G. Le Clézio, *Celui qui n'avait jamais vu la mer*, recueilli dans *Mondo et autres histoires*, Éd. Gallimard.

Notes :

Le professeur pourra écrire au tableau les mots suivants et les expliquer :

– *aigu en lame de couteau* (nez fin et pointu) ;

– *les pensionnaires* (élèves dormant au lycée) ;

– *le dortoir* (lieu où dorment les pensionnaires).

Grammaire

Ⓐ Réponses possibles :

1. À cause de son mal de dents, Georges est de mauvaise humeur. C'est pourquoi il vaut mieux éviter de lui parler.

2. À force de dépenser leur argent sans compter, les Combes se sont trop endettés si bien que leur banque va hypothéquer leur maison.

3. Comme le témoin n'a pas dit tout ce qu'il savait, la police l'a tellement soupçonné qu'il a été mis sous surveillance.

4. C'est parce que je regardais avec envie une voiture que le vendeur s'est approché de moi : il a été si convaincant que j'ai acheté le véhicule.

5. Faute d'argent pour partir en vacances, mes cousins sont restés chez eux si bien qu'à la rentrée, ils étaient déprimés.

Ⓑ 1. ce - 2. celle-ci (celle-là) - 3. celle - 4. ce - 5. ceux (celles) - 6. cela (ça) - 7. ceci (cela) - 8. celui - 9. c' (cela) - 10. cela (ça).

Ⓒ 1. plaisent (subj.)
2. faut (ind.)
3. est (ind.)
4. puisse (subj.)
5. se déroulent (ind.)
6. veuille (subj.)
7. soutienne (subj.)
8. te mettes (subj.)
9. devez (ind.)
10. partions (subj.)

Lexique

Ⓐ 1. haine - 2. don - 3. tristesse - 4. bénévole - 5. solidarité - 6. plateau - 7. câble - 8. zappe - 9. manifestations culturelles - 10. copie - 11. titre de séjour - 12. clandestin - 13. xénophobes - 14. déménager - 15. échanges - 16. environnement - 17. procès - 18 bidon - 19. démodé - 20. patrimoine.

Communication

Ⓐ Propositions de réponses :

1. Hugues m'a affirmé qu'il ne viendrait pas au tournoi de tennis, que c'était impossible car il avait un rapport urgent à finir pour le 12.

2. Denis, le directeur a demandé si tu travaillais au bureau depuis longtemps et si ça marchait bien.
Et son secrétaire a confirmé que tu y travaillais depuis sept ans et que grâce à ton travail, l'entreprise avait réglé ses problèmes d'informatique.

3. Mon médecin m'a expliqué que je devrais être opéré après les vacances afin d'éviter des complications ultérieures.

4. Tu sais, Thierry m'a soutenu que je devais aller voir Mme Genton, qu'elle m'aiderait pour mon problème de logement.

Ⓑ Propositions de réponses :

1. Comme j'aimerais que tu restes ! ou : Je suis si triste que tu partes !

2. Je suis étonnée que vous réagissiez ainsi !

3. Je crains qu'elle ne se mette en colère et je ne crois pas que cela règle le problème !

4. J'aimerais tant que nous fassions le tour du monde !

5. Je suis désolé(e), je ne peux pas : je regrette vraiment de ne pas pouvoir sortir mais là, c'est impossible, je n'ai pas le temps.

6. Formidable ! Je suis si content(e) que tu réussisses et que tout marche bien pour toi !

Production écrite

Fin du texte de Marguerite Duras :

J'ai abandonné. Je me suis dit que je ne lui étais pas sympathique. Il ne m'est pas venu à l'esprit qu'il ne me connaissait pas. Et quand il est parti il m'a dit : « Au revoir Marguerite Duras. » Donc c'était bien ça, il n'avait pas voulu parler avec moi.

Autre proposition :

Alors je lui ai dit qu'il avait perdu quelque chose à l'aéroport. Il est resté perplexe, a commencé à fouiller dans ses poches afin de vérifier s'il avait toujours ses papiers sur lui. C'est alors qu'il m'a regardée et m'a finalement dit : « Vous vous trompez, il s'agissait de quelqu'un d'autre ! En tout cas, je vous remercie car, lorsqu'on voyage, il faut toujours être prudent. Cela m'est déjà arrivé une fois d'être bloqué à la douane pour avoir égaré mon passeport. Vous avez peut-être connu ce genre de situation ? »
Voilà, j'avais réussi à le faire parler, j'étais rassurée, le voyage allait bien se passer...

Test N° 3

Elle ne se levait ....

....

....

....

....

....

....

....

....

....

....

....

....

GRAMMAIRE

Ⓐ *Complétez les phrases avec une expression de but (utilisez 5 expressions différentes).*

Exemple : Je lui ai écrit **afin de** la féliciter de son succès.

1. On amène souvent les voitures chez le garagiste ....

2. Je souhaite changer de travail ....

3. Elle participe au concours de Miss France ....

4. Les enfants se dépêchent ....

5. Paul est un peu angoissé, il met toujours son réveil à 5 heures..

Ⓑ *À partir des thèmes suivants, écrivez des phrases contenant des expressions de concession (au moins 4 expressions différentes).*

Exemple : La situation politique / la satisfaction de la population.
→ **Bien que** la situation politique soit difficile, la population est satisfaite de ses conditions de vie.

1. Les dangers de certains pays / le plaisir de la découverte.
2. La richesse / la misère des pays développés.
3. Les difficultés de votre situation financière / leurs résolutions.
4. Les tentatives des organismes internationaux / les échecs diplomatiques.
5. La gravité de cette maladie / la guérison de certains patients.

Ⓒ *Complétez ces phrases avec* PENDANT, POUR, DEPUIS, IL Y A ... QUE, ÇA FAIT ... QUE, IL Y A, DANS, EN, DÈS, JUSQU'À.

1. .... trois ans .... j'habite ici et j'ai déjà envie de déménager.

2. Il a vécu en Australie .... 10 ans puis il a préféré rentrer en France pour s'occuper de ses parents âgés.

3. Il était parti .... un mois au Pérou, en fait il y a vécu 6 ans.

4. Si nous partons .... un quart d'heure, nous pourrons encore arriver à temps pour le début du spectacle.

5. Ils l'appelleront .... demain pour lui annoncer la bonne nouvelle.

6. .... deux mois .... il y a des travaux dans le centre ville.

7. Walter n'a plus revu ces cousins .... deux ou trois ans.

8. Quand je suis rentré, ... quelques instants, tout était encore en ordre.

9. Les étudiants devront suivre les cours .... la fin juin. Ils ne pourront pas partir avant.

10. Si le gouvernement prenait des décisions radicales, ... quelques années, la crise pourrait être résolue.

LEXIQUE

A Complétez les phrases avec les mots appropriés.

1. La .... de .... accompagne le C.V. dont elle met en valeur certains aspects.

2. On termine les lettres administratives par une .... de ....

3. Si on n'a pas un horaire complet, on travaille à temps .... ou à ....

4. Si votre candidature est retenue, vous pouvez être convoqué(e) à un .... d'......................... .

5. L'agriculture, le commerce, l'industrie sont des .... d'......................... .

B Expliquez les expressions suivantes.

1. à crédit : ....

2. les impôts : ....

3. économiser : ....

4. un chèque sans provision : ....

5. prélevé : ....

COMMUNICATION

A Répondez à ces répliques en exprimant votre regret et en proposant une solution.

Exemple : – On ne peut pas faire de gâteau, il n'y a plus de beurre !
    – J'aurais dû penser à en acheter ! Mais, on peut peut-être faire des crêpes, avec de l'huile, c'est bon !

1. – Raté ! Il n'y a plus de place sur le vol pour Dakar !

2. – Pas de chance, il pleut ; pas de plage aujourd'hui ! qu'est-ce qu'on fait ?

3. – Comme je suis désolé, ils sont partis et on ne leur a pas dit au revoir !

4. – Vous auriez pu les avertir que le rendez-vous était déplacé !

5. – Tu as envoyé le pli comme je te l'avais demandé ?

PRODUCTION ÉCRITE

Vous venez de lire la circulaire ci-dessous.
Vous adressez une lettre à votre chef de service pour le paiement des 20 heures supplémentaires que vous avez effectuées le mois dernier.

Vous supposez qu'il s'agit d'une erreur, vous lui exprimez votre insatisfaction et votre regret d'avoir accepté cette charge, vous lui rappelez vos compétences, vous lui demandez un rendez-vous afin d'éclaircir ce malentendu et vous le saluez.

NOTE DE SERVICE   Lyon, le 23 mars 1996.

Objet : paiement des heures supplémentaires

Nous sommes au regret de vous faire savoir que de nouvelles dispositions concernant la rétribution des heures supplémentaires ont été prises, en effet elles ne seront plus rémunérées comme telles.

Cette mesure prendra effet rétroactivement dès le 30 janvier 1996.

En espérant qu'une telle mesure sera comprise non comme une brimade mais comme une obligation liée à la situation critique de notre société, je vous prie d'agréer, Monsieur (Madame), l'expression de mes sentiments les meilleurs.

                    Mme Acide, Responsable du service de comptabilité.

Durée de passation

Dictée : lecture intégrale / lecture fractionnée / lecture intégrale.

Grammaire : 45 minutes environ.

Lexique : 20 minutes environ.

Communication : 15 minutes environ.

Production écrite : 45 minutes environ.

Grilles de correction

Dictée : note sur 20

Erreur phonétique : 1 point.

Erreur grammaire : 1 point.

Erreur orthographe : 0,5 point.

Erreur d'accent : 0,5 point sur mot déjà vu en classe.

Erreur compréhension globale (tout ou une partie du texte) : 1 point.

Grammaire : note sur 20

Exercice A sur 10 : 2 points par phrase correcte.

Exercice B sur 5 : 1 point par phrase correcte.

Exercice C sur 5 : 0,5 point par réponse correcte.

Lexique : note sur 20

Exercice A sur 10 : 2 points par mot trouvé.

Exercice B sur 10 : 2 points par mot trouvé.

Communication : note sur 10

Exercice A sur 10 : 2 points par phrase adéquate (consigne et situation respectées).

Production écrite : note sur 30

Morphologie : accords, conjugaisons	/6
Syntaxe : construction des phrases	/6
Contenu et adéquation au sujet proposé	/8
Lexique, qualité d'expression	/8
Ponctuation, accents	/2

Corrigés

Dictée

Elle ne se levait plus à 5 heures pour aller faire le ménage d'un bureau et était heureuse de rester au lit. L'âge et le temps avaient eu sur sa vie un effet bénéfique. [...]

Il s'y ajoutait le plaisir d'avoir un peu plus d'argent qu'autrefois, et surtout des sommes sur lesquelles elle pouvait compter. [...]

Souvent, je la trouvais attablée devant son agenda journalier. [...]

En revenant de la grande surface, elle pointait sur le ticket de caisse chacun des articles, réfléchissant aux avantages, rangeait tout. Elle souriait, car c'était un bon moment. Elle comparait les prix à ceux de la fois précédente et émaillait ses vérifications de réflexions : « Si j'avais su, j'aurais pris un peu plus de boîtes de thon, c'était tellement avantageux... Il faudra que je pense à y aller avec les prix de la dernière fois. »

Avec ce dont elle disposait pour « passer le mois », et qui était enfin fixe, elle s'arrangeait, calculait et arrivait même à constituer une cagnotte secrète, où elle puisait en cachette de mon père pour des fêtes et des anniversaires qu'il trouvait superflu de souhaiter, pour un billet glissé dans la poche d'un petit-fils en visite.

Extrait de Marie Rouanet, *La marche lente des glaciers*, Éd. Payot, 1994.

Notes :

Le professeur pourra écrire au tableau les mots suivants et les expliquer :

– *attablée* (assise à table) ;

– *pointer* (marquer, souligner les chiffres pour vérifier) ;

– *émailler* (illustrer) ;

– *une cagnotte* (une caisse).

Grammaire

A Propositions de réponses :

1. **afin qu'**il fasse la révision du moteur.
2. **dans le but d'**améliorer ma situation professionnelle.
3. **en vue de** devenir célèbre.
4. **de peur d'**être en retard à l'école.
5. **de façon à** être toujours à l'heure.

B Propositions de réponses :

1. **Même si** certains pays sont dangereux, le plaisir de la découverte et l'envie de les visiter restent plus forts que la peur.
2. **Malgré** la richesse des pays développés, il existe encore beaucoup trop de misère.
3. Votre situation financière est très grave et **pourtant** vous arriverez à la résoudre.
4. Les organismes internationaux **ont beau** tenter de trouver une solution aux conflits entre certains pays, ils aboutissent souvent à des échecs diplomatiques.
5. **Malgré** la gravité de cette maladie, les médecins réussissent à guérir certains patients.

C 1. Il y a ... que (ça fait ... que)
2. pendant
3. pour
4. dans
5. dès
6. ça fait ... qu' (il y a ... qu')
7. depuis
8. il y a
9. jusqu'à
10. en.

Lexique

A 1. lettre de candidature
2. formule de politesse
3. partiel/mi-temps
4. entretien d'embauche
5. secteurs d'activités

B 1. Avec paiement différé.
2. Les taxes.
3. Mettre de l'argent de côté.
4. Un chèque qui ne peut pas être payé car il n'y a pas assez d'argent sur le compte.
5. Retenu.

Communication

A Propositions de réponses :
1. On aurait dû réserver plus tôt mais ne t'en fais pas, je connais quelqu'un qui travaille dans une agence et qui pourrait nous aider.
2. On aurait pu se méfier, la météo l'avait prévu. Bon, et si on allait au cinéma...
3. Moi aussi, je le regrette, on n'a pas été sympas ! Mais ne t'inquiète pas, j'ai leur adresse à Paris. On va leur écrire.
4. J'ai complètement oublié ! Sinon je leur aurais passé un coup de fil pour les avertir ! Je vais leur envoyer un mot pour m'excuser !
5. Pas du tout ! Et pourtant j'aurais dû y penser puisque tu me l'avais répété cent fois. Attends, pas de panique, je vais expédier ce courrier par chronopost. Il arrivera demain !

Production écrite

Proposition de réponse :

Lyon, le 26 mars 1996.

Madame,

Je me permets de vous écrire pour vous exprimer mon étonnement à la lecture de votre note de service du 23 mars dernier. J'ose espérer que votre proposition n'entrera pas en vigueur. Je tiens également à vous rappeler que, le mois dernier, ayant effectué vingt heures supplémentaires, je m'estimerais lésé(e) dans le cas où ces heures ne me seraient pas réglées au tarif habituel.

Il me semble injuste de pénaliser des employés qui se sont toujours montrés disponibles et ont toujours fait preuve de compétences dans leur travail.

Pour toutes ces raisons, je vous serais reconnaissante de bien vouloir m'accorder un rendez-vous afin d'éclaircir ce malentendu.

Veuillez agréer, Madame, l'expression de mes sentiments les meilleurs.

J. Lucien

TABLE DES MATIÈRES

INTRODUCTION 3

Présentation du matériel 3
Exploitation de chaque type de documents 4
Évaluation 10

CORRIGÉS DES EXERCICES – NOTES COMPLÉMENTAIRES 11

DOSSIER 1 12
Séquence 1 12
Séquence 2 16
Séquence 3 20
Séquence 4 25

DOSSIER 2 32
Séquence 1 32
Séquence 2 37
Séquence 3 42
Séquence 4 48

DOSSIER 3 55
Séquence 1 55
Séquence 2 60
Séquence 3 67
Séquence 4 72

TESTS D'ÉVALUATION 81

TEST N° 1 81
TEST N° 2 87
TEST N° 3 92

Imprimerie Hérissey à Évreux – N° d'impression : 72040
Février 1996